高速公路运营管理手册

BCHD Expressway Operational Management Manual

（桥　涵　篇）

BCHD 04—2022

主编单位:北京市首都公路发展集团有限公司
实施日期:2022 年 10 月 1 日

人民交通出版社股份有限公司

北　京

内 容 提 要

北京市首都公路发展集团有限公司(以下简称"首发集团")依据国家相关法律、法规等文件,结合首发集团实际工作情况,编制本手册。本手册的编制目的是更好地服务于首都政治、经济、文化各项事业,为用户提供快速、畅通、安全、文明的通行环境和优质服务。

本手册(桥涵篇)由总则、桥涵养护管理基本制度、桥涵检查与评定配套实施细则、桥梁监测与评估配套实施细则、桥梁养护配套实施细则、桥梁应急管理配套实施细则、桥梁档案管理及信息化配套实施细则等内容组成。

本手册(桥涵篇)适用于首发集团所辖高速公路运营管理工作中的桥涵运营管理及服务。

图书在版编目(CIP)数据

高速公路运营管理手册. 桥涵篇 / 北京市首都公路发展集团有限公司主编. — 北京 : 人民交通出版社股份有限公司, 2022.8

ISBN 978-7-114-18164-1

Ⅰ.①高… Ⅱ.①北… Ⅲ.①高速公路—公路桥—交通运输管理—北京—手册②高速公路—涵洞—交通运输管理—北京—手册 Ⅳ.①U491-62

中国版本图书馆 CIP 数据核字(2022)第 152562 号

Gaosu Gonglu Yunying Guanli Shouce(Qiaohan Pian)

书　　名:高速公路运营管理手册(桥涵篇)
著 作 者:北京市首都公路发展集团有限公司
责任编辑:朱伟康　周佳楠
责任校对:赵媛媛　龙　雪
责任印制:刘高彤
出版发行:人民交通出版社股份有限公司
地　　址:(100011)北京市朝阳区安定门外外馆斜街 3 号
网　　址:http://www.ccpcl.com.cn
销售电话:(010)59757973
总 经 销:人民交通出版社股份有限公司发行部
经　　销:各地新华书店
印　　刷:北京市密东印刷有限公司
开　　本:880×1230　1/16
印　　张:7.5
字　　数:170 千
版　　次:2022 年 8 月　第 1 版
印　　次:2022 年 8 月　第 1 次印刷
书　　号:ISBN 978-7-114-18164-1
定　　价:60.00 元

关于下发《高速公路运营管理手册》的通知

各运营单位：

为加强规范化管理，提高运营管理水平，北京市首都公路发展集团有限公司高速公路运营管理部组织修订了2022年版《高速公路运营管理手册》（养护篇01、路产篇02、绿化篇03、桥涵篇04、隧道篇05、服务区篇06）。本套手册自2022年10月1日起施行。

望各运营单位认真做好《高速公路运营管理手册》的推行和培训工作。

北京市首都公路发展集团有限公司

2022年9月

《高速公路运营管理手册（桥涵篇）》

编审委员会

主　　任　张　闽　张恒利
副 主 任　刘绍民

主　　审　孔祥杰
审定人员　王　益　王少辉　王建春　景海林　刘福海
　　　　　　张小生

主　　编　孙运洪
副 主 编　曹庆松　孙明扬　李　强　于保华　邱新宇
　　　　　　张方方
编写人员　杨志伟　郭振华　王春雨　段宇哲　邢　涛

目 录

第 1 章 总则 …… 1
第 2 章 桥涵养护管理基本制度 …… 3
2.1 一般规定 …… 3
2.2 管理责任划分 …… 4
2.3 桥梁养护工程师制度 …… 5
2.4 桥梁检查与评定制度 …… 6
2.5 桥梁监测与评估制度 …… 9
2.6 桥梁重要病害动态管理制度 …… 10
2.7 桥涵养护工程管理制度 …… 11
2.8 技术档案管理制度 …… 13
2.9 应急管理制度 …… 15
2.10 监督检查制度 …… 15
2.11 培训制度 …… 16
2.12 桥梁安全事故责任追究制度 …… 16
2.13 桥涵资金保障制度 …… 17
第 3 章 桥涵检查与评定配套实施细则 …… 18
3.1 桥梁检查 …… 18
3.2 涵洞检查 …… 26
3.3 桥梁评定 …… 28
3.4 危桥认定、复核流程 …… 33
3.5 检测设备 …… 35
第 4 章 桥梁监测与评估配套实施细则 …… 36
4.1 桥梁监测技术 …… 36
4.2 桥梁定期监测 …… 38
4.3 桥梁实时监测 …… 40
4.4 桥梁安全预警 …… 44
4.5 桥梁评估 …… 45
4.6 桥梁监测设备 …… 47
第 5 章 桥涵养护配套实施细则 …… 49
5.1 桥梁主要病害分类 …… 49

5.2 桥涵养护 …… 53
5.3 桥梁维修加固 …… 59
5.4 超重车辆过桥措施 …… 75
5.5 桥梁维护对策与规划 …… 77
第 6 章 桥梁应急管理配套实施细则 …… 79
6.1 一般规定 …… 79
6.2 组织机构与职责 …… 80
6.3 事故分级 …… 81
6.4 应急处置 …… 82
6.5 保障措施 …… 85
6.6 宣传、培训和演习 …… 86
第 7 章 桥梁档案管理及信息化配套实施细则 …… 87
7.1 一般规定 …… 87
7.2 桥梁档案管理 …… 87
7.3 桥梁信息化管理 …… 88
附录 A 桥梁基本状况卡片 …… 90
附录 B 桥梁定期检查记录表 …… 94
附录 C 桥梁初始检查记录表 …… 100
附录 D 桥梁经常检查记录表 …… 102
附录 E 桥梁特殊检查记录表 …… 103
附录 F 涵洞经常检查记录表 …… 104
附录 G 涵洞基本状况卡片 …… 105
附录 H 涵洞定期检查记录表 …… 107
附录 I 桥梁突发事故报告表 …… 109

第1章　总则

为加强和规范北京市首都公路发展集团有限公司(以下简称“首发集团”)高速公路桥涵养护管理工作,保障公路畅通和桥涵运行安全,依据国家相关法律法规、标准规范,结合首发集团高速公路管理体制,制定本手册。

桥涵养护管理应贯彻“预防为主、安全至上”的工作方针,努力提高桥涵结构的耐久性和安全性。

各级管理单位应高度重视桥涵养护管理工作,严格执行桥涵养护管理的各项规章制度,采取科学有效的管理手段和技术措施,对所管辖的公路桥涵及时组织实施检查、检测和养护维修,确保公路畅通和桥涵安全。

桥涵养护管理的技术工作实行桥涵养护工程师制度。

桥涵养护工程师和有关技术人员应按照现行《公路桥涵养护规范》(JTG 5120)的要求和规定,及时、全面掌握桥涵技术状况,保障桥涵安全运行。

桥涵养护工程管理工作实行“统一指导、分级管理”的原则,具体如下:

(1)首发集团主管桥涵养护工程的行政管理、技术指导和执行监督工作。

(2)首发集团负责专项桥涵养护工程的组织、管理与实施。

(3)首发集团委托的养护单位负责桥涵养护工程的日常养护管理作业的实施。

(4)桥涵养护工程由首发集团从收取的车辆通行费中安排资金并组织实施,首发集团负责监管。

桥涵养护工程按其工程性质、复杂程度、规模大小划分为小修保养、专项工程、大修和改建工程。

桥涵养护工程资金应当严格按照专款专用的要求,专项用于桥涵的养护和改建。首先应满足小修保养、专项工程、大修和预留抗灾、抢险费用的需要,再安排改建工程,任何单位不得挪用和挤占。

本手册适用于首发集团下辖所有高速公路桥涵养护管理工作。

本手册涉及相关法律、法规及行业标准如下:

(1)《中华人民共和国公路法》(全国人民代表大会常务委员会2017年11月4日发布)。

(2)《公路养护工程管理办法》(中华人民共和国交通运输部2018年3月22日发布)。

(3)《公路桥梁养护管理工作制度》(中华人民共和国交通部2007年6月29日发布)。

(4)《全国公路网管理与应急处置平台建设指导意见》(中华人民共和国交通运输部2009年11月23日发布)。

(5)《公路交通突发事件应急预案》(中华人民共和国交通运输部2018年3月27日发布)。

(6)《公路桥涵养护规范》(JTG 5120—2021)。

(7)《公路桥梁技术状况评定标准》(JTG/T H21—2011)。

(8)《北京市桥梁突发事件应急预案》(北京市突发公共事件应急委员会2018年9月19日发布)。

(9)《桥隧养护管理制度及长大桥隧管理办法》(北京市交通委员会2020年9月10日发布)。

第 2 章　桥涵养护管理基本制度

2.1　一般规定

首发集团与其委托的养护单位的工作职责，按照“事权一致、责任清晰”的原则确定。

首发集团和养护单位应按照有关规定，健全桥涵养护管理制度，落实养护管理分级负责制，按照桥涵安全及技术责任分级，采用专人负责。

首发集团作为桥涵养护主管单位，具体承担桥涵养护的行政管理、技术指导、执行监管职责，同时承担专项桥涵养护工程组织实施职责。

首发集团委托的养护单位作为桥涵养护管养单位，具体承担高速公路桥涵日常养护管理职责。

由于养护单位疏于养护管理，不按相关规定准确掌握桥梁技术状况，或未及时采取相关措施而导致桥涵发生安全事故，由养护单位承担主要责任，首发集团承担监管责任。

养护单位应明确负责桥涵养护管理工作的分管行政领导和桥梁养护工程师及配套的相关技术人员，保证桥涵养护管理的各项职责得以贯彻落实，并将人员名单上报首发集团审批。

养护单位应及时编制年度桥涵养护工程建议计划，上报首发集团审批，首发集团遵循“先重点、后一般，先干线、后支线”的原则，对于主要干线公路和具有重大政治、经济、国防意义的桥涵养护工程和抗灾抢险工程，应优先安排。

首发集团应按照规范要求安排桥涵检查，并将检查信息输入桥梁管理系统，参照桥梁技术状况的评定结果安排桥涵养护工程项目，做到决策科学化。

桥涵养护工程应按照行业有关规定和首发集团相关管理办法，严格进行质量管理，逐步建立“集团监管、社会监理、企业自检”的三级质量管理体系，严格执行检查验收制度，确保养护工程质量。

(1)首发集团管理范围内的养护工程应建立集团质量监管、社会监理和单位自检的三级质量管理体系；施工和监理单位应具有相应的专业资格。

(2)养护工程实施单位的负责人为质量管理第一责任人，对养护工程质量负全责，设计和监理单位分别负相应的质量责任。

桥涵养护工程应严格造价管理，建立养护工程造价审查制度，合理降低养护工程造价。

桥涵养护工作应注重预防性养护工作,推广和应用新技术、新材料、新工艺、新设备,不断提高桥涵养护管理技术水平。

桥涵养护工程施工时,应执行行业及企业相关安全生产规定。在养护工程施工路段设置标志,从事养护作业的人员应穿着统一的安全标志服。夜间施工影响行车安全的,应设置红灯警示信号,必要时应安排专人进行管理和指挥。

在交通流量大的公路上进行桥涵大修、专项工程或改建施工,可能造成交通堵塞时,养护单位应协调当地公安交通管理部门,共同疏导交通。车辆不能通行的路段,应修建临时便道或便桥,并做好便道、便桥的养护管理工作。

桥涵防雪、防洪、防风工作应遵循"预防为主、防治结合"的方针,根据当地气候条件、季节特点、公路状况等,分析掌握路段、桥涵等的抗灾能力,做必要的预防措施和应急抢修技术方案。

对有关桥涵养护工程的计划、统计、审计、机械设备、设计文件、施工合同、监理合同、质量监督文件、竣工资料等档案信息材料,首发集团和养护单位应按相应规定进行管理。

2.2 管理责任划分

首发集团负责辖区高速公路桥涵养护管理工作,并负责专项桥涵养护工程的组织管理工作;首发集团委托的养护单位负责高速公路桥梁日常养护各项工作。

2.2.1 首发集团主要职责

(1)制订桥涵养护管理工作有关规定与制度。

(2)审核桥涵养护工程年度工作计划,并落实资金。

(3)桥涵养护工程组织管理,审核养护工程方案、变更和预算,并组织竣工验收。

(4)组织桥涵的检查、鉴定,掌握辖区桥涵使用状况,组织辖区内4、5类桥涵的复核工作。

(5)制订辖区内桥涵安全应急预案,并组织实施。

(6)负责交通运输部、北京市交通委员会桥梁技术状况评定组织工作。

(7)建立、完善辖区桥梁管理系统和桥梁技术档案。

2.2.2 养护单位主要职责

(1)编制和上报本辖区桥涵日常养护维修计划。

(2)负责辖区内桥涵日常养护管理工作的组织实施。

(3)协助专项桥涵养护工程施工企业、监理企业现场作业。

(4)协助4、5类桥梁的复核、鉴定作业。

(5)参与辖区内专项桥涵养护工程的竣工验收。

(6)组织桥涵养护工程技术人员的培训。

(7)整理桥涵日常养护数据,建立、完善辖区桥涵技术档案。

(8)制订和执行辖区内具体的桥涵安全应急预案,并组织实施。

(9)配合首发集团各公司开展交通运输部、北京市交通委员会桥梁技术状况评定工作,负责现场及内业资料整理工作。

(10)负责设立大桥、特大桥永久性控制检测点,并随定期检查频率进行复测。

2.3　桥梁养护工程师制度

2.3.1　岗位设置

根据国家规定,各级桥梁养护管理单位应设置专职的桥梁养护工程师,并保持其人员岗位的相对稳定。

(1)首发集团作为桥涵养护主管单位,应设专职桥梁养护工程师。

(2)首发集团委托的养护单位作为桥涵养护管养单位,应设专职桥梁养护工程师。

(3)养护生产单位作为桥涵养护实施部门,应设专职桥梁养护工程师及桥梁技术员岗位。

2.3.2　岗位职责

1)首发集团的桥梁养护工程师主要职责

(1)负责辖区内桥梁养护管理的技术工作,监督检查养护单位的桥梁养护工程师职责履行情况。

(2)组织制订辖区内桥梁养护管理工作计划,并监督实施。

(3)组织桥梁的定期检查与评定,按规定组织对 4、5 类桥梁技术状况的评定进行复核。

(4)参与制订重要桥梁的专项工程、大修和改建工程技术方案和对策措施,并组织审验其科学合理性。

(5)负责桥梁管理系统的数据更新、系统维护、系统运行及桥梁养护报告编写等工作。

(6)负责组织养护单位的桥梁养护工程师及有关技术人员的技术业务培训。

2)养护单位的桥梁工程师主要职责

(1)主持组织桥梁的经常检查,根据检查结果编制桥梁养护维修方案和对策措施,并上报养护维修建议计划。

(2)考核本单位桥涵、隧道养护质量,并及时上报辖区桥涵、隧道受自然灾害和其他因素损坏的情况。

(3)组织主持桥梁的小修保养和抗灾抢险工作,考核桥梁养护质量,并及时上报辖区的桥梁受自然灾害和其他因素损坏的情况。

(4)参与桥梁养护专项工程、大修、改建工程实施和竣工验收。

(5)负责所管辖桥梁技术档案的补充、完善和保密工作。

(6)负责本养护单位技术人员的技术业务培训、考核工作。

(7)组织参与应急抢险工作。

(8)积极配合上级管理部门安排的工作。

(9)完成领导交办的其他工作。

2.3.3 资格要求

(1)首发集团的桥梁养护工程师应具有五年以上从事桥梁养护管理的工作经历,具有高级工程师及以上技术职称。

(2)养护单位的桥梁养护工程师应具有三年以上从事桥梁养护管理工作的经历,具有工程师及以上技术职称。

(3)养护生产单位的桥梁养护工程师应具有道桥专业毕业本科及以上学历,具有三年以上从事桥隧养护管理的工作经历,具有道路桥梁专业或相关专业中级及以上职称。

(4)养护生产单位的桥梁技术员应具有道桥专业毕业专科及以上学历,具有两年以上从事桥隧养护管理的工作经历,助理工程师以上职称。

2.4 桥梁检查与评定制度

2.4.1 桥梁检查评定基本制度

1)桥梁检查分类

公路桥梁养护检查等级应分为Ⅰ、Ⅱ、Ⅲ级,分级标准应符合下列规定:

(1)单孔跨径大于150m的特大桥、特别重要桥梁的养护检查等级为Ⅰ级。

(2)单孔跨径小于或等于150m的特大桥、大桥,以及高速公路或一、二级公路上的中桥、小桥的养护检查等级为Ⅱ级。

(3)三、四级公路上的中桥、小桥的养护检查等级为Ⅲ级。

(4)技术状况评定为3类的大、中、小桥,应提高一级进行检查。

(5)技术状况评定为4类的桥梁在加固维修前应按Ⅰ级进行检查。

应对辖区内所有桥梁建立“桥梁基本状况卡片”(附录A),将有关信息输入数据库,建立永久性档案,以利于桥梁检查工作的开展。桥梁检查分为初始检查、日常巡查、经常检查、定期检查和特殊检查。

(1)初始检查:新建或改建桥梁交付使用后,对桥梁结构及其附属构件的技术状况进行的首次全面检测,其成果是后期桥梁检查和评定工作的基准。

(2)日常巡查:对桥面及其以上部分的桥梁构件、结构异常变位和桥梁安全保护区的日常巡视和目测检查。

(3)经常检查:抵近桥涵结构,采用目测结合辅助工具对桥面系、上部结构、下部结构和附属设施表观状况进行的周期性检查。

(4)定期检查:对桥涵总体技术状况进行的周期性检查及技术状况评定。

(5)特殊检查:对桥梁承载能力、抗灾能力、耐久性能、水中基础技术状况进行的一项或多项检查与评定,以及对定期检查中难以判明病害成因及程度的桥梁进行的检查。

2)桥梁检查制度

初始检查、日常巡查、经常检查、定期检查和特殊检查应符合现行《公路桥涵养护规范》(JTG 5120)的规定。

(1)初始检查:新建或改建桥梁应进行初始检查。初始检查宜与交工验收同时进行,最迟不得超过交付使用后 1 年。

(2)日常巡查。

养护检查等级为Ⅰ、Ⅱ级的桥梁,日常巡查每天不应少于 1 次;对有特殊照明需求(功能性及装饰性照明、航空航道指示灯等)的桥梁,应适当开展夜间巡查。养护检查等级为Ⅲ级的桥梁,日常巡查每周不应少于 1 次。遇地震、地质灾害或极端气象时,应增加检查频率。

日常巡查可以乘车目测为主,并应做巡检记录,发现明显缺损和异常情况应及时上报。

(3)经常检查。

经常检查应符合下列规定:

①养护检查等级为Ⅰ级的桥梁,经常检查每月不应少于 1 次。

②养护检查等级为Ⅱ级的桥梁,经常检查每两个月不应少于 1 次。

③在汛期、台风、冰冻等自然灾害频发期,应提高经常检查频率。

④养护检查等级为Ⅱ、Ⅲ级的桥梁,在定期检查中发现存在 4 类构件时,加固处治前应提高经常检查频率。

⑤对支座的经常检查每季度不应少于 1 次。

(4)定期检查。

养护检查等级为Ⅰ级的桥梁,定期检查周期不得超过 1 年;养护检查等级为Ⅱ的桥梁,定期检查周期不得超过 3 年。

定期检查应接近各部件仔细检查其缺损情况,并应符合下列规定:

①现场校核桥梁基本数据,填写或补充完善“桥梁基本状况卡片”(附录 A)。

②现场填写“桥梁定期检查记录表”(附录 B),记录各部件缺损状况并绘制主要病害分布图。

③对桥梁永久观测点进行复核,对桥面高程及线形、变位等检测指标进行量测。

④判断病害原因及影响范围。

⑤进行技术状况评定,提出养护建议。

(5)特殊检查。

下列情况应做特殊检查:

①定期检查中难以判明构件损伤原因及程度的桥梁。

②拟通过加固手段提高荷载等级的桥梁。

③需要判明水中基础技术状况的桥梁。

④遭受洪水、流冰、滑坡、地震、风灾、火灾、撞击,因超重车辆通过或其他异常情况影响造成损伤的桥梁。

3)桥梁评定分类

桥梁技术状况评定应依据桥梁初始检查、定期检查资料,通过对桥梁各部件技术状况的综合评定,确定桥梁的技术状况等级,提出养护措施。评定应按现行《公路桥梁技术状况评定标准》(JTG/T H21)执行。桥梁技术状况评定等级及状态描述如表 2.4-1 所示。

表 2.4-1 桥梁技术状况评定等级及状态描述

技术状况等级	状态	技术状况描述
1 类	完好、良好	1. 主要部件功能与材料均良好; 2. 次要部件功能良好,材料有少量(3% 以内)轻度缺损; 3. 承载能力和桥面行车条件符合设计标准
2 类	较好	1. 主要部件功能良好,材料有少量(3% 以内)轻度缺损,结构受力裂缝宽度小于设计限值; 2. 次要部件有较多(10% 以内)中等缺损; 3. 承载能力和桥面行车条件达到设计指标
3 类	较差	1. 主要部件材料有较多(10% 以内)中等缺损,结构受力裂缝宽度超过设计限值,或出现轻度功能性病害,发展缓慢,尚能维持正常使用功能; 2. 次要部件有大量(10% ~20%)严重缺损,功能降低,进一步恶化将不利于主要部件和影响正常交通; 3. 承载能力比设计的降低 10% 以内,桥面行车不舒适
4 类	差	1. 主要部件材料有大量(10% ~20%)严重缺损,结构受力裂缝宽度超过设计限值,锈蚀严重,或出现轻度功能性病害,且发展较快。结构变形小于或等于设计限值,功能明显降低。 2. 次要部件有 20% 以上的严重缺损,失去应有功能,严重影响正常交通。 3. 承载能力比设计的降低 10% ~25%
5 类	危险	1. 主要部件出现严重的功能性病害,且有继续扩张现象,关键部位的部分材料强度达到极限,出现部分钢丝或钢筋断裂、混凝土压碎或杆件失稳变形、破损现象,变形大于设计限值,结构的强度、刚度、稳定性和动力响应不能达到交通安全通行的要求。 2. 承载能力比设计的降低 25% 以上

2.4.2 桥梁检查评定分级制度

根据桥梁现有技术状况确定适当的桥梁检查等级、检查频率。

(1)对 1、2 类桥梁按正常频率进行检查。

(2)技术状况评定为 3 类的大、中、小桥,应提高一级进行检查。

(3)技术状况评定为 4 类的桥梁在加固维修前应按Ⅰ级进行检查。

(4)对 4、5 类桥梁应安排特殊检查,根据检查结果,进行桥梁适应性评定,及时提出维修、加固或改建重建方案。

2.4.3 “三特”桥梁检查评定制度

特大桥指多孔跨径总长 1000m 以上或单孔跨径 150m 以上的桥梁。特殊结构桥梁,一般指钢管混凝土拱桥、斜拉桥、悬索桥以及其他结构特殊、受力复杂的桥梁。特大桥、特殊结构桥梁、特别重要桥梁共称“三特”桥梁,其检查评定符合交通运输部相关文件要求。

2.4.4　桥梁检查评定工作制度

(1)桥梁经常检查由养护单位承担实施,依据现行《公路桥涵养护规范》(JTG 5120)记录检查结果。

(2)由首发集团根据经常检查记录和规范要求,组织制订桥梁定期检查计划、方案,落实资金,委托有资质的单位承担实施桥梁定期检查和一般评定。

(3)由首发集团根据经常检查或定期检查结果,组织制订桥梁特殊检查计划、方案,落实资金,委托有资质的单位承担实施桥梁特殊检查和适应性评定。

(4)首发集团应及时将每次桥梁检查结果录入桥梁管理系统,更新数据。

(5)养护单位应按规定把经常检查发现的问题及时上报首发集团,并对需维修项目提出方案,经首发集团批准后实施。

2.4.5　危桥认定、复核制度

(1)桥梁技术状况经检测单位评定为 4、5 类的桥梁,首发集团应进行技术状况复核认定。复核认定由首发集团的桥梁养护工程师提出初步复核意见后,报首发集团组织审查,形成最终复核意见。

(2)技术状况复核应重点针对桥梁病害,包括以下几个方面:调查结构是否满足现行规范要求,桥梁构件缺损及病害成因是否查明,承载能力或抗灾能力及技术状况评定是否符合规范要求等。

(3)复核工作由首发集团组织实施;委托有相应资质及能力的单位承担。

(4)复核期间,养护单位应采取应急保障措施,保证桥梁运营安全。

(5)应建立 24 小时信息报告制度和危桥检查制度,做好检查记录,做好对应急保障措施的定期监督检查,同时按有关规定及时上报信息。

2.5　桥梁监测与评估制度

2.5.1　特大桥、特殊结构桥梁监测评估制度

(1)对需要开展结构健康监测的桥梁,应结合桥梁实际,遵循“技术先进、经济适用、精准预警”的原则,建立监测体系,并保证监测系统的实效性、可靠性和耐久性。

(2)桥梁结构监测系统的设计、安装、维护应符合相关技术标准、规范、规程的要求。

(3)特大桥、特殊结构桥梁应由首发集团根据需要建设桥梁结构健康监测系统,进行实时监测,委托有相应资质和业绩的单位设计、实施。

(4)桥梁结构健康监测系统建设应遵循把握主量原则、实用性原则、系统可靠性原则和系统开放原则。

(5)新建特大桥、特殊结构桥梁应考虑施工监控、成桥试验、健康监测的系统衔接及资源共享。

(6)建设桥梁结构健康监测系统的桥梁应针对性地制定与系统相匹配的桥梁检查制度。

(7)建设桥梁结构健康监测系统的桥梁应委托有相应资质和业绩的单位进行监测数据分析处理,并结合桥梁检查结果,进行结构安全综合评估。

(8)数据分析结果和结构评估结果应整合录入桥梁管理系统。

2.5.2 大、中桥梁与病害桥梁监测评估制度

(1)首发集团应根据大、中桥梁或病害桥梁的评定结果,按需要选取部分重要的桥梁进行定期结构健康监测,委托有相应资质和业绩的单位设计、实施。

(2)定期的桥梁结构健康监测应根据结构类型、主要病害进行监测项目定制,监测周期根据桥梁技术状况具体设定。

(3)新建大、中桥梁应考虑施工监控、成桥试验与监测项目的衔接及资源共享。

(4)定期监测桥梁应针对性地制定与之相匹配的桥梁检查制度。

(5)定期监测桥梁应委托有相应资质和业绩的单位进行监测数据分析处理,并结合桥梁检查结果,进行结构安全综合评估。

(6)数据分析结果和结构评估结果应整合录入桥梁管理系统。

2.5.3 桥梁结构安全预警制度

(1)建有桥梁健康监测系统的桥梁应建立相应的结构安全预警制度,预警指标一般包括位移、挠度、偏位、沉降、振动、裂缝扩展等,可根据桥梁实际状况定制预警指标。

(2)预警指标阈值应根据桥梁结构基准状态进行设定。

①桥梁结构基准状态的设定就是掌握桥梁结构当前的实际状态,对当前状态下反映结构安全状况的指标进行量化,为后续结构安全预警建立当前结构状态的对照“基准点”。

②对新建桥梁,可在成桥后,利用桥梁设计、施工、验收荷载试验的数据设定桥梁静力基准状态,利用桥梁“初始指纹”动力测试设定桥梁动力基准状态。

③对旧桥,可对桥梁进行一次全面的桥梁检测、荷载试验和桥梁“初始指纹”动力测试,以此来设定桥梁的静动力基准状态。

(3)应委托有相应资质和业绩的单位承担桥梁结构安全评估及预警工作。

(4)预警时,应立即启动相应桥梁检查制度,由桥梁养护主管单位组织进行结构安全复核认定。

2.6 桥梁重要病害动态管理制度

(1)首发集团应建立完善的桥梁重要病害动态管理制度,及时准确掌握桥梁重要病害的发生发展状况。

(2)经过桥梁检查发现的重要病害,应纳入动态管理系统,完善相关桥梁技术资料和历年检查资料。

(3)对桥梁的重要病害按规定增加检查频率,必要时采取动态连续监测,并确保检查或监测结果资料齐全、连续,及时全面掌握病害的发展趋势,制订科学合理的养护对策。

(4)桥梁重要病害动态管理可与桥梁档案管理及信息化管理系统结合进行。

2.7　桥涵养护工程管理制度

2.7.1　养护管理对策

(1)应根据桥梁技术状况评定结果,分别采取不同的养护措施:

①1 类桥梁进行正常保养或预养护。

②2 类桥梁需进行修复养护、预防养护。

③3 类桥梁需进行修复养护、加固或更换较大缺陷构件,必要时可进行交通管制。

④4 类桥梁进行修复养护、加固或改造,及时进行交通管制,必要时封闭交通。

⑤5 类桥梁及时封闭交通,进行改建或重建。

(2)为恢复、保持或提升公路服务功能,结合阶段性专项公路养护治理工作,可对桥梁实施专项养护,包括增设、加固改造、拆除重建、灾后恢复等。

2.7.2　养护工程分级管理范围

(1)桥涵保养工程项目,由养护单位负责实施。

(2)桥涵小修工程项目,由养护单位报首发集团审批,通过后负责具体实施。

(3)桥涵预防养护、修复养护、专项养护和应急养护工程项目,由首发集团负责审批管理,并组织实施。

(4)桥涵预防养护、修复养护、专项养护和应急养护工程项目,应委托有相应资质和业绩的单位设计、实施。

2.7.3　养护工程分级管理制度

1)预防养护

预防养护是桥涵有轻微病害但整体性能良好,为延缓其性能衰减、延长使用寿命而采取的防护工程。

(1)预防养护由养护单位按照国家养护技术规范进行。其养护工程计划由养护单位编制并报首发集团备案。

(2)预防养护经费由养护单位根据所管养公路桥梁的使用年限、技术等级、交通量、路面分类、路况等因素,依照定额核定保养经费,实行总额控制和定额计量管理。

(3)养护单位应建立各类管理台账、图表,做好生产原始记录,严格实行成本核算。

(4)养护单位根据首发集团下达的桥涵养护投资计划和有关规定,实施年度桥涵养护工作。首发集团审查养护单位月度桥涵养护工作计划,并检查计划执行情况。

(5)养护单位按照现行《公路养护技术规范》(JTG H10)和有关操作规程的要求,加强对桥涵的养护管理,做到全面养护,加大养护机械的投入,提高养护的机械化程度。

(6)预防养护的管理应实行检查、考核和评定制度,首发集团组织桥涵养护质量检查或抽查,实行“每季巡路检查、半年检查初评、年终检查总评”的养护检查的评比制度;养护单位执行“一月一查评、一季一评比、半年初评、年终总评”的养护质量检查评比制度。

(7)预防养护质量应严格按照现行《公路养护工程质量检查评定标准　第一册　土建工程》(JTG 5220)进行检查评定。

(8)养护单位应注重日常的预防性养护工作。

2)修复养护

修复养护是为恢复桥涵技术状况而实施的功能性、结构性修复或更换的工程措施。

(1)修复养护工程由养护单位报首发集团审批,通过后由养护单位按照国家养护技术规范进行维修。

(2)养护单位应建立各类管理台账、图表,做好生产原始记录,严格实行成本核算。

(3)首发集团根据桥涵养护投资计划,安排修复养护经费,审批养护单位修复养护申请,并负责检查执行情况。

(4)修复养护质量应严格按照现行《公路养护工程质量检查评定标准　第一册　土建工程》(JTG 5220)进行检查评定。

3)专项养护

专项养护是为恢复、完善或提升桥涵使用功能而集中实施的增设、加固、改造、拆除、重建等工程措施。

(1)首发集团负责制订专项养护项目的计划和概算,并组织实施。

(2)列入计划的专项养护项目,首发集团按有关规定选择具有相应资质的设计单位进行设计,按照有关规范和标准的要求编制设计文件。

(3)专项养护项目,由首发集团按有关规定选择施工单位具体承担,承担工程的施工单位应编制施工组织设计。

(4)专项养护项目,应严格按照有关的施工规范、标准和操作规程进行施工,并实行工程监理制度,按有关规定选择监理单位。

(5)首发集团应加强对专项养护项目的检查和管理,并根据工程进度及时核拨工程资金。

(6)专项养护项目完工后,首发集团应根据质量监督机构的工程质量评定报告及有关资料,组织合同有关单位及时进行竣工验收。

(7)专项养护中的改建工程是对桥涵因不适应现有交通量增长和车辆载质量需要而提高技术等级指标,显著提高其通行能力的工程建设项目。重建工程是对桥涵因适应性不满足要求,需要拆除重建的工程建设项目。

(8)桥涵专项养护管理应执行首发集团工程管理相关办法。

4)应急养护

应急养护是突发情况造成公路桥涵损毁、交通中断、产生安全隐患时,实施的应急抢修、保通等工程措施。

5)桥涵加固

桥涵加固是对桥涵部件或构件采取的补强、更换或调整内力等使其满足使用要求的工程措施。

6)桥涵改建

桥涵改建是桥涵不能满足使用需求,为提升其技术标准、荷载等级、通行能力、抗灾能力等而实施的改造工程。

2.8　技术档案管理制度

2.8.1　技术档案管理

(1)公路桥梁技术档案应齐全,具体内容包括桥梁基础资料、管理资料、检查资料、养护维修资料、特殊情况资料等。

(2)技术档案资料应以文字、图片、图纸、音频或视频等形式进行存储和管理。

(3)技术档案的管理和归档应以单个桥梁为单位,建立“一桥一档”的档案管理模式。

(4)宜积极稳妥地采用先进的技术手段,逐步实现技术档案的电子化管理。

(5)对新建桥梁,接养单位应参与交(竣)工验收工作。桥梁建设单位应向接养单位移交桥梁基础资料,并协同做好接养工作。

(6)基本资料缺失的桥梁,应根据历年检查、养护资料,逐步建立和完善其技术档案。必要时,可专门安排有针对性的检查、试验或特殊检查,补充、完善桥梁技术资料。

(7)首发集团应建立健全公路桥梁技术档案管理制度,大力推广应用公路桥梁信息管理系统,及时更新桥梁技术数据,保证公路桥梁技术档案真实完整,实现电子化管理。

(8)特别重要的特大型桥梁应建立符合实际结构特点的电子档案管理系统和养护管理系统。

(9)养护单位在日常养护作业中,应按规定收集整理桥涵技术资料,并及时上交首发集团,录入桥梁信息管理系统。

(10)建有桥梁健康监测系统的桥梁,应定期将监测数据分析结果、结构安全评价结果等信息,录入桥梁信息管理系统。

(11)每年公路桥梁信息管理系统数据更新后,由首发集团将统计分析数据及时下发养护单位,以供养护单位制订下一阶段日常养护工作计划。

(12)公路桥梁技术档案应包括桥梁基础资料、管理资料、检查资料、养护维修资料、特殊情况资料等。

①桥梁基础资料包括桥梁竣工图及竣工资料、观测或监测点(部件)资料、交(竣)工验收资料。

②桥梁管理资料包括桥梁管养单位、监管单位及其分管领导、桥梁养护工程师等的基本资料。

管理资料中对桥梁养护工程师除应归档个人基本资料外,还应归档其业务考核情况和年度主要工作情况。

③桥梁检查资料包括桥梁经常检查结果、定期检查结果、养护对策建议、特殊检查建议报告、养护建议计划等技术资料,以及检查的时间、实施人员等基本资料。

特殊检查资料还应包括检测(试验)方案、检测(试验)报告、照片及多媒体材料,检测(试验)方的资质证书(复印件)、业绩证明(复印件)以及主要检测人员的资格证书(复印件)等。

④桥梁养护维修资料应包括以下内容:

a. 小修保养工程的实施技术资料和养护质量评定结果,以及工程实施的时间、组织实施人员等。

b. 桥梁的专项工程以及大修、改建工程的设计图纸、竣工图纸、施工资料、监理资料、监控(监测)资料、质量事故处理报告、交(竣)工验收等技术资料,以及设计、施工、监理和监控(监测)等各方的资质证书(复印件)、业绩证明(复印件)及其主要检测人员的资格证书(复印件)等。

⑤桥梁特殊情况资料主要包括地质灾害、气象灾害、超限运输等特殊事件的具体情况、损害程度、处治方案等。

(13)基本资料缺失的桥梁,应根据历年检查、养护资料,逐步建立和完善其技术档案。必要时,可专门安排有针对性的检测、试验或特殊检查,补充、完善桥梁技术资料。

2.8.2 数据库管理

(1)桥涵管理应建立规范的桥涵数据库。

(2)桥涵数据库的内容应包含桥涵静态数据和动态数据。桥涵静态数据包括桥涵基本信息、空间信息、技术指标、结构信息以及档案信息等,动态数据包括桥涵的技术状况和养护历史信息(包括病害信息、检查及维修信息等)等。

(3)桥涵数据库的信息应准确反映桥涵的实际状况,应根据检查、预防养护、修复养护、加固改造或重建等情况及时更新。

(4)应建立完善的数据采集和管理制度,保证桥涵数据库中数据的及时性和有效性。

(5)桥涵数据库应采用电子化存储与管理。

2.8.3 信息化管理

(1)以桥涵数据库为基础,构建桥涵养护信息化平台,建立动态的评价和预警体系,实现桥涵养护管理的科学决策。

(2)应设立专人负责养护信息化管理平台的建设、运行与维护等管理工作。

(3)利用信息技术和科技手段,建立桥涵养护决策分析系统,实现桥涵养护的可视化管理、辅助决策分析和桥涵养护业务的信息化管理。

(4)建立健全桥涵建设、管理、养护全生命周期的数据集成和信息共享,提高信息的利用率。加强历史数据的分析和研究,为桥涵的养护管理提供决策支持。

2.9　应急管理制度

(1)桥梁突发事件的处置工作应在首发集团的统一领导下,由养护单位具体负责,实行“条块结合、以块为主”。

(2)首发集团和养护单位应分别制订预防和处置桥梁坍塌事故为重点的突发事件应急预案,明确信息上报、分级响应、交通保障与恢复、事故调查等工作的职责和程序。应急预案应报桥梁养护监管部门审查备案,特别重要桥梁进一步报北京市交通委员会备案。

(3)首发集团和养护单位应分别制订针对特别重要桥梁和特大桥的应急预案。对技术状况为 4、5 类的桥梁,以及超过使用年限的危旧桥梁,除采取相应的管理措施外,还应分别制订应急交通组织方案,以确保一旦发生事故,交通组织工作顺利进行。

(4)养护单位要建立桥梁营运预警制度。尤其在进入汛期后,要建立、健全公路桥梁的巡查工作制度,加大巡查频率,发现事故隐患要及时上报,经审核需处理的要及时采取有效措施予以处理。对可能因山洪暴发、坍方、泥石流等突发性自然灾害危及桥梁安全的情况,要制订相应的抢险应急方案,把事故损失降到最低限度。

(5)一旦发现桥梁出现险情,养护单位要 30 分钟之内到达现场,迅速采取应急措施,及时设置道路封闭、限载、限速等安全警示标志,必要时应组织人员配合交管部门对车辆进行分流,暂停桥梁的使用,并向首发集团报告。首发集团酌情上报交通主管部门和当地政府,协调好各方关系,保证各项措施的落实。

(6)病危桥梁在进行加固处理前,要派专人实行 24 小时看护,密切监视桥梁状况,严防发生桥垮车毁人亡等恶性事故,最大程度地保护国家财产和人民生命安全。

(7)接获公路桥梁突发信息后,养护单位应立即向首发集团报告并启动应急预案,及时、有效地开展处置工作。应急处置过程中,要按相关规定向首发集团续报有关情况。

(8)发生以下突发事件,养护单位应在接获有关信息后立即报首发集团,并由首发集团立即上报北京市交通委员会和北京市政府:

①桥梁损毁中断交通的;

②大桥、特大桥出现严重病害危及桥梁安全的;

③车辆或船舶与桥梁设施相撞,造成严重后果的。

(9)首发集团和养护单位要按照职责分工和相关预案切实做好应对桥梁突发事件的人员、物资、资金保障工作,确保应急工作正常有序进行。

2.10　监督检查制度

(1)首发集团应依据有关法律法规的规定,对辖区内公路桥梁的养护管理工作进行监督检查。

(2)养护单位应自觉接受首发集团依法实施的监督检查。不得以任何理由推诿、拒绝。

(3)首发集团对公路桥梁养护管理工作实施监督检查时,应当深入桥梁养护管理工作现场,并采取必要的技术检测手段,不得流于形式。监督检查应包括以下主要内容:

①各项规章、制度和技术规范的执行情况;

②人员、经费的落实情况;

③桥梁检查工作的开展情况;

④养护计划执行和养护工程管理情况;

⑤桥梁技术档案和管理信息系统的建设维护情况;

⑥各项应急预案的制订和执行情况;

⑦首发集团规定的其他监督检查项目。

(4)首发集团在监督检查过程中,对发现的问题,应当责令有关单位立即改正。监督检查结束后,应向有关单位反馈书面意见。

2.11 培训制度

(1)首发集团和养护单位应定期组织桥涵养护管理人员进行技术培训和技术交流,以提高桥涵养护管理人员的业务水平。

(2)桥涵养护管理人员应按规定参加技术培训和技术交流。

(3)对新上岗的桥梁养护管理技术人员应进行一次业务培训,考核合格后方可上岗。

(4)对持证桥梁养护工程师,应每年进行一次技术培训和技术交流;对桥梁养护管理技术人员应每年进行一次业务培训。

2.12 桥梁安全事故责任追究制度

2.12.1 首发集团

(1)对桥梁养护管理工作薄弱、安全隐患突出的,应对有关人员进行通报批评。造成严重后果的,应按规定追究有关人员的责任。

(2)凡出现下列情况之一的,应按有关规定追究首发集团相关责任人的责任:

①挪用桥梁维修加固专项资金,或配套资金不落实,延误桥梁病害处治,造成严重后果的;

②不按要求对所管辖范围桥梁安排定期检查,不建立桥梁养护档案或档案管理混乱的;

③未按照规定制订桥梁抢险应急预案,发现问题不按照应急预案采取措施或应急措施不力造成严重后果的;

④对桥梁加固、维修、改造工程监管不力,导致质量事故和安全事故的;

⑤玩忽职守、滥用职权、徇私舞弊的。

以上情况，视情节轻重，按照有关规定予以处理，构成犯罪的，移交司法机关处理。

2.12.2　养护单位

(1)对桥梁日常检查工作不到位、安全隐患突出的，应通报批评有关人员。造成严重后果的，应按规定追究有关人员的责任。

(2)凡出现下列情况之一的，应按有关规定追究养护单位相关责任人的责任：

①不履行检查职责，或检查观测不到位，检查记录不认真、不及时、不准确，发现隐患未及时报告的；

②所编制的桥梁维修方案未经批准而擅自实施的；

③未按照规定编制桥梁日常检查年度计划，对所管辖范围内桥梁日常养护不及时，造成桥梁出现病害或损坏的；

④未按照规定制订具体桥梁抢险应急预案，发现问题不按照应急预案采取措施或应急措施不力而造成严重后果的；

⑤发现超重车辆未按照规定和程序进行上报，随意放行造成严重后果的；

⑥玩忽职守、滥用职权、徇私舞弊的。

⑦未按照要求对 4、5 类桥实行 24 小时看护的。

以上情况，视情节轻重，按照有关规定予以处理，构成犯罪的，移交司法机关处理。

2.13　桥涵资金保障制度

(1)首发集团对高速公路桥梁养护经费进行计划管理，每年制订桥涵年度维修计划，并对预防养护、长大桥维修养护等项目分项审批后列支，经费保障充足。养护经费额度符合交通运输部相关要求。

(2)首发集团每年经营计划预留桥涵应急抢险费用，保证桥梁应急抢险费用充足，设立了专项应急与安全运行资金，并进行有效管理和使用。

(3)首发集团每年对桥涵预防养护支出进行资金计划，加大对桥涵预防养护的支出。

(4)养护单位负责上报每年的桥涵维修计划，特别对长大桥、桥梁预防养护资金要进行单独上报，由首发集团进行审批。

(5)养护单位充分利用桥涵小修保养资金，保障桥梁资金的使用。

第3章 桥涵检查与评定配套实施细则

3.1 桥梁检查

3.1.1 初始检查

新建或改建桥梁应进行初始检查。初始检查宜与交工验收同时进行,最迟不得超过交付使用后1年。初始检查应包括下列内容:

(1)定期检查需测定的所有项目,并按《公路桥涵养护规范》(JTG 5120—2021)第3.5.3条的要求设置永久观测点。

(2)测量桥梁长度、桥宽、净空、跨径等;测量主要承重构件尺寸,包括构件的长度与截面尺寸等;测定桥面铺装层厚度及拱上填料厚度等。

(3)测定桥梁材质强度、混凝土结构的钢筋保护层厚度。

(4)养护检查等级为Ⅰ级的桥梁,通过静载试验测试桥梁结构控制截面的应力、应变、挠度等静力参数,计算结构校验系数;通过动载试验测定桥梁结构的自振频率、冲击系数、振型、阻尼比等动力参数。

(5)有水中基础,养护检查等级为Ⅰ、Ⅱ级的桥梁,应进行水下检测。

(6)量测缆索结构的拉索索力及吊杆索力,测试索夹螺栓紧固力等。

(7)检测钢管混凝土拱桥钢管内混凝土密实度。

(8)当交、竣工验收资料中已经包含上述检查项目或参数的实测数据时,可直接引用。

初始检查后应提交技术状况评定报告。技术状况评定报告应包括下列内容:

(1)桥梁基本状况卡片(附录A)、桥梁定期检查记录表(附录B)、桥梁技术状况评定表、桥梁初始检查记录表(附录C)。

(2)典型缺损和病害的照片、文字说明及缺损分布图,缺损状况的描述应采用专业标准术语,说明缺损的部位、类型、性质、范围、数量和程度等。

(3)三张总体照片。包括桥面正面照片一张,桥梁两侧立面照片各一张。

(4)《公路桥涵养护规范》(JTG 5120—2021)规定的检查内容的成果。

(5)养护建议。

3.1.2 日常巡查

养护检查等级为Ⅰ、Ⅱ级的桥梁,日常巡查每天不应少于1次;对有特殊照明需求(功能性及装饰性照明、航空航道指示灯等）的桥梁，应适当开展夜间巡查。养护检查等级为Ⅲ级的桥梁，日常巡查每周不应少于 1 次。遇地震、地质灾害或极端气象时，应增加检查频率。

日常巡查可以乘车目测为主，并应做巡检记录，发现明显缺损和异常情况应及时上报。日常巡查应包括下列内容：

（1）桥路连接处是否异常。

（2）桥面铺装、伸缩装置是否有明显破损；伸缩装置位置的桥面系是否存在异常。

（3）栏杆或护栏等有无明显缺损。

（4）标志标牌是否完好。

（5）桥梁线形是否存在明显异常。

（6）桥梁是否存在异常的振动、摆动和声响。

（7）桥梁安全保护区是否存在侵害桥梁安全的情况。

3.1.3　经常检查

经常检查应符合下列规定：

（1）养护检查等级为Ⅰ级的桥梁，经常检查每月不应少于 1 次。

（2）养护检查等级为Ⅱ级的桥梁，经常检查每两个月不应少于 1 次。

（3）在汛期、台风、冰冻等自然灾害频发期，应提高经常检查频率。

（4）养护检查等级为Ⅱ级的桥梁，在定期检查中发现存在 4 类构件时，加固处治前应提高经常检查频率。

（5）对支座的经常检查每季度不应少于 1 次。

经常检查宜抵近桥梁结构，以目测结合辅助工具进行。应现场填写“桥梁经常检查记录表”（附录 D）。经常检查中发现桥梁重要部件缺损严重，应及时上报。经常检查应包括下列内容：

（1）桥梁结构有无异常的变形和振动及其他异常状况。

（2）外观是否整洁，构件表面是否完好，有无损坏、开裂、剥落、起皮、锈迹等。

（3）混凝土主梁裂缝是否有发展，箱梁内是否有积水。抽查钢结构主梁焊缝有无开裂，螺栓有无松动或缺失。

（4）斜拉索、吊杆（索）、系杆等索结构锚固区的密封设施是否完好，有无积水或渗水痕迹，密封材料等有无老化和开裂；主缆最低点是否渗水；索鞍是否有异常的位移、卡死、辊轴歪斜以及构件锈蚀、破损；鞍座混凝土是否开裂；鞍室是否渗水、积水。

（5）支座是否有明显缺陷，使用功能是否正常。

（6）桥面铺装是否存在病害。

（7）伸缩装置是否堵塞、卡死，连接部件有无松动、脱落、局部破损。

（8）人行道、缘石有无破损、剥落、裂缝、缺损和松动。

（9）栏杆、护栏有无破损、缺失、锈蚀、移动或错位。

（10）排水设施有无堵塞和破损。

(11)墩台有无明显的倾斜、损伤、开裂及是否因受到车、船或漂流物撞击而受损;基础有无冲刷、损坏、悬空;墩台与基础是否受到生物腐蚀。

(12)翼墙(侧墙、耳墙)、锥坡、护坡、调治构造物有无缺损、开裂、沉降和塌陷。

(13)悬索桥锚碇是否存在渗水、积水。

(14)交通信号、标志、标线、照明设施以及桥梁其他附属设施是否完好、正常工作。

(15)永久观测点及标志点是否完好。

3.1.4 定期检查

养护检查等级为Ⅰ级的桥梁,定期检查周期不得超过1年;养护检查等级为Ⅱ级的桥梁,定期检查周期不得超过3年。

定期检查应接近各部件仔细检查其缺损情况,并应符合下列规定:

(1)现场校核桥梁基本数据,填写或补充完善"桥梁基本状况卡片"(附录A)。

(2)现场填写"桥梁定期检查记录表"(附录B),记录各部件缺损状况并绘制主要病害分布图。

(3)对桥梁永久观测点进行复核,对桥面高程及线形、变位等检测指标进行量测。

(4)判断病害原因及影响范围。

(5)进行技术状况评定,提出养护建议。

桥梁永久观测点设置及检测项目应符合下列规定:

(1)单孔跨径不小于60m的桥梁,应设立永久观测点,定期进行控制检测。桥梁检测项目与永久观测点布置要求见表3.1-1。单孔跨径小于60m的桥梁,检测中若发现结构存在异常变形,应进行相应的控制检测。特殊结构桥梁,宜根据养护、管理的需要,增加相应的控制检测项目。

表3.1-1 桥梁检测项目与永久观测点布置要求

检测项目		永久观测点
1	桥面高程	每孔不宜少于10个点,沿行车道两边(靠缘石处)布设,跨中、L/4、支点等控制截面必须布设
2	墩、台身、锚碇变位	布置于墩、台身底部(距地面或常水位0.5~2m)、桥台侧墙尾部顶面和锚碇的上、下游两侧各1~2点
3	墩、台身、索塔倾斜度	墩、台身底部(距地面或常水位0.5~2m)的上、下游两侧各1~2点
4	索塔变位	每个索塔不宜少于2个点,索塔顶面、塔梁交接处各1~2点
5	主缆线形	每孔不宜少于10个点,沿索夹位置布设,主缆最低点和最高点必须布设
6	拱轴线	每孔不宜少于18个点,沿拱圈上、下游两侧拱肋中心处在拱顶、L/8、L/4、3L/8、拱脚等控制截面布设
7	拱座变位	不宜少于2个点,布设于拱座上、下游两侧
8	悬索桥索夹滑移	桥塔侧第一对吊杆索夹处各设1点
9	索鞍与主塔相对变位	索鞍处各设1点

(2)桥梁永久观测点的设置应牢固可靠。当测点与国家大地测量网联络有困难时,应

建立相对独立的基准测量系统。永久观测点有变动时，应及时检测、校准及换算，保持数据的有效和连续。

(3)设置永久观测点后，应绘制永久观测点平面布置图，并在图中明确基准点位置。

(4)桥梁主体结构维修、加固改造前后，应进行控制检测，保持观测资料的连续性。

(5)应设而未设永久观测点的桥梁，应在定期检查时按规定补设。测点的布设和首次检测的时间及检测数据等，应按要求归档。

(6)特大桥、大桥、中桥的墩台旁，必要时可设置水尺或标志，以观测水位和冲刷情况。

1)桥面系的检查

(1)桥面铺装层纵、横坡是否顺适，有无严重的龟裂、纵横裂缝，有无坑槽、拥包、拱起、剥落、错台、磨光、泛油、变形、脱皮、露骨、接缝料损坏、桥头跳车等现象。

(2)伸缩装置是否有异常变形、破损、脱落、漏水、失效，锚固区有无缺陷，是否存在明显的跳车。

(3)人行道有无缺失、破损等。

(4)栏杆、护栏有无缺失、破损等。

(5)防排水系统是否顺畅，泄水管、引水槽有无明显缺陷，桥头排水沟功能是否完好。

(6)桥上交通信号、标志、标线、照明设施是否损坏、失效。

2)混凝土梁桥上部结构检查

(1)混凝土构件有无开裂及裂缝是否超限，有无渗水、蜂窝、麻面、剥落、掉角、空洞、孔洞、露筋及钢筋锈蚀。

(2)主梁跨中、支点及变截面处，悬臂端牛腿或中间铰部位，刚构的固结处和桁架的节点部位，混凝土是否开裂、缺损，钢筋有无锈蚀。

(3)预应力钢束锚固区段混凝土有无开裂，沿预应力筋的混凝土表面有无纵向裂缝。

(4)桥面线形及结构变位情况。

(5)混凝土碳化深度、钢筋锈蚀检测。

(6)主梁有无积水、渗水，箱梁通风是否良好。

(7)组合梁的桥面板与梁的结合部位及预制桥面板之间的接头处混凝土有无开裂、渗水。

(8)装配式梁桥的横向连接构件是否开裂，连接钢板的焊缝有无锈蚀、断裂。

3)钢桥上部结构检查

(1)构件涂层劣化情况。

(2)构件锈蚀、裂缝、变形、局部损伤。

(3)焊缝开裂或脱开。

(4)铆钉和螺栓松动、脱落或断裂。

(5)结构的跨中挠度、结构变位情况。

(6)钢箱梁内部湿度是否符合要求，除湿设施是否工作正常。

(7)钢-混凝土组合梁桥和混合梁桥的检测，除应符合《公路桥涵养护规范》(JTG 5120—2021)的相关要求外，尚应包括下列内容：

①桥面板与梁的结合部位有无纵向滑移、开裂。

②预制桥面板之间的接头处混凝土有无开裂、压溃、渗水、错位。

③混凝土梁段与钢梁段结合处构造功能是否正常,结合面有无脱开、渗漏、错位、承压钢板变形等。

4)拱桥上部结构检查

(1)主拱圈是否变形、开裂、渗水,拱脚是否发生位移。

(2)圬工拱桥拱圈的灰缝有无松散、剥离或脱落,砌块有无风化、断裂、压碎、局部掉块、脱落;钢筋混凝土拱桥的拱圈(片)表观及材质状况检测应按《公路桥涵养护规范》(JTG 5120—2021)执行;钢-混凝土组合拱桥及钢拱桥的钢结构检测应按《公路桥涵养护规范》(JTG 5120—2021)执行。

(3)行车道板、横梁、纵梁及拱上立柱(墙)、盖梁、垫梁的混凝土有无开裂、剥落、露筋和锈蚀。空腹拱的腹拱圈有无较大的变形、开裂、错位,立墙或立柱有无倾斜、开裂。

(4)拱的侧墙与主拱圈间有无脱落,侧墙有无鼓凸变形、开裂,实腹拱拱上填料有无沉陷,排水是否正常。

(5)拱桥的横向联结有无变位、开裂、松动、脱落、断裂、钢筋外露、锈蚀等,连接部钢板有无锈蚀、断裂。

(6)双曲拱桥拱波与拱肋结合处是否开裂、脱开,拱波之间砂浆有无松散、脱落,拱波是否开裂、渗水等。

(7)劲性骨架的拱桥,混凝土是否沿骨架出现纵向或横向裂缝。

(8)吊杆索力有无异常变化。吊杆防护套有无开裂、鼓包、破损,必要时可打开防护套,检查吊杆钢丝涂膜有无劣化,钢丝有无锈蚀、断丝。钢套管有无锈蚀、损坏,内部有无积水;吊杆导管端密封减振设施和其他减振装置有无病害及异常等。

(9)逐个检查吊杆锚头及周围锚固区的情况,锚具是否渗水、锈蚀,是否有锈水流出的痕迹,锚固区是否开裂。必要时可打开锚具后盖抽查锚杯内是否积水、潮湿,防锈油是否结块、乳化失效,锚杯是否锈蚀。锚头是否锈蚀,镦头或夹片是否异常,锚头螺母位置有无异常。

(10)拱桥系杆外部涂层是否劣化,系杆有无松动,锚头、防护罩、钢箱有无锈蚀、损坏。预应力混凝土系杆的检测应按《公路桥涵养护规范》(JTG 5120—2021)执行。

(11)钢管混凝土拱桥钢管内混凝土密实度检测,检查频率宜为 3 ~6 年 1 次。

5)斜拉桥上部结构及索塔检查

(1)桥塔有无异常变位,锚固区是否有开裂、水渍,有无渗水现象。混凝土结构有无缺损、裂缝、剥落、露筋、钢筋锈蚀。钢结构涂装是否粉化、脱落、起泡、开裂,钢结构是否锈蚀、变形、裂缝;螺栓是否缺失、损坏、松动;钢与混凝土连接是否完好。

(2)拉索索力有无异常变化,观测斜拉索线形有无异常。

(3)斜拉索防护套有无开裂、鼓包、破损、老化变质,必要时可以打开防护套,检查斜拉索有无钢丝涂层劣化、破损及钢丝锈蚀、断丝情况。

(4)逐个检查锚具及周围锚固区的情况,锚具是否渗水、锈蚀,是否有锈水流出的痕迹,锚固区是否开裂。必要时可打开锚具后盖抽查锚杯内是否积水、潮湿,防锈油是否结块、乳化失效,锚杯是否锈蚀。锚头是否锈蚀、开裂,镦头或夹片是否异常,锚头螺母位置有无异常。

(5)主梁的检测,除应按《公路桥涵养护规范》(JTG 5120—2021)执行外,还应检查梁体拉索锚固区域的混凝土结构是否开裂、渗水,钢结构是否有裂纹、锈蚀、渗水。

(6)钢护筒是否脱漆、锈蚀,钢护筒内有无积水,钢护筒与斜拉索密封是否可靠,橡胶圈是否老化或严重磨损,橡胶圈固定装置有无损坏,阻尼器有无异常变形、松动、漏油、螺栓缺失、结构脱漆、锈蚀、裂缝。

(7)桥梁构件气动外形是否发生改变;气动措施和风障是否完好;钢主梁检修车轨道、桥面风障、护栏、栏杆的形状及位置是否发生改变。

6)悬索桥主要构件检查

(1)桥塔有无异常变位,混凝土结构有无缺损、裂缝、剥落、露筋、钢筋锈蚀。钢结构涂装是否粉化、脱落、起泡、开裂,钢结构是否锈蚀、变形、裂缝;螺栓是否缺失、损坏、松动;钢与混凝土连接是否完好。

(2)主缆线形是否有变化。主缆防护有无老化、开裂、脱落、刮伤、磨损;主缆是否渗水,缠丝有无损伤、锈蚀,必要时可以打开涂层和缠丝,检查索股钢丝涂膜有无劣化,钢丝有无锈蚀、断丝。锚头防锈漆是否粉化、脱落、开裂,抽查锚头防锈油是否干硬、失效,锚头是否锈蚀、开裂,镦头或夹片是否异常,锚头螺母位置有无异常。

(3)吊索索力有无异常变化;吊索防护套有无裂缝、鼓包、破损,必要时可以打开防护套,检查吊索钢丝涂膜有无劣化,钢丝有无锈蚀、断丝。钢套管有无锈蚀、损坏,内部有无积水;吊索导管端密封减振设施和其他减振装置有无病害及异常等。

(4)逐个检查吊索锚头及周围锚固区的情况,锚具是否渗水、锈蚀,是否有锈水流出的痕迹,锚固区是否开裂。必要时可打开锚具后盖抽查锚杯内是否积水、潮湿,防锈油是否结块、乳化失效,锚杯是否锈蚀。锚头是否锈蚀、开裂,镦头或夹片是否异常,锚头螺母位置有无异常。

(5)索夹螺栓有无缺失、损伤、松动;索夹有无错位、滑移;索夹面漆有无起皮脱落,密封填料有无老化、开裂;索夹外观有无裂缝及锈蚀;测试索夹螺栓紧固力。

(6)加劲梁的检测,应按《公路桥涵养护规范》(JTG 5120—2021)执行。

(7)主索鞍、散索鞍上座板与下座板有无相对位移、卡死、辊轴歪斜,鞍座螺杆、锚栓有无松动现象。鞍座内密封状况是否良好。索鞍有无锈蚀、裂缝,索鞍涂装有无粉化、裂缝、起泡、脱落,主缆和索鞍有无相对滑移。

(8)锚碇外观有无明显病害,如裂缝、空洞等;锚碇有无沉降、扭转及水平位移。锚室顶板、侧墙表面状况是否完好。锚室内有无渗漏水,是否积水,温湿度是否符合要求;除湿设备运行是否正常。

(9)索股锚杆涂层是否完好,有无锈蚀、裂纹病害。

(10)桥梁构件气动外形是否发生改变;气动措施和风障是否完好;钢主梁检修车轨道、桥面风障、护栏、栏杆的形状及位置是否发生改变。

7)支座检查

(1)支座是否缺失。组件是否完整、清洁,有无断裂、错位、脱空。

(2)活动支座实际位移量、转角量是否正常,固定支座的锚销是否完好。

(3)橡胶支座是否老化、开裂,有无位置串动、脱空,有无过大的剪切变形或压缩变形,各夹层钢板之间的橡胶层外凸是否均匀。

(4)四氟滑板支座是否脏污、老化,聚四氟乙烯板是否磨损、是否与支座脱离、是否倒置。

(5)盆式橡胶支座的固定螺栓是否剪断,螺母是否松动,钢盆外露部分是否锈蚀,防尘罩是否完好,抗震装置是否完好。

(6)组合式钢支座是否干涩、锈蚀,固定支座的锚栓是否紧固,销板或销钉是否完好。钢支座部件是否出现磨损、开裂。

(7)摆柱支座各组件相对位置是否准确。混凝土摆柱的柱体有无破损、开裂、露筋。钢筋及钢板有无锈蚀。活动支座滑动面是否平整。

(8)辊轴支座的辊轴是否出现爬动、歪斜。摇轴支座是否倾斜。轴承是否有裂纹、切口或偏移。

(9)球型支座地脚螺栓有无剪断、螺纹有无锈死,支座防尘密封裙有无破损,支座相对位移是否均匀,支座钢组件有无锈蚀。

(10)支承垫石是否开裂、破损。

(11)简易支座的油毡是否老化、破裂或失效。

(12)支座螺纹、螺帽是否松动,锚螺杆有无剪切变形,上下座板(盆)的锈蚀状况。

(13)支座封闭材料是否老化、开裂、脱落。

(14)斜拉桥、悬索桥的纵向和横向限位支座的检测,应按本条执行。

8)桥梁墩台及基础检查

(1)墩身、台身及基础变位情况。

(2)混凝土墩身、台身、盖梁、台帽及系梁有无开裂、蜂窝、麻面、剥落、露筋、空洞、孔洞、钢筋锈蚀等。

(3)墩台顶面是否清洁,有无杂物堆积,伸缩装置处是否漏水。

(4)圬工砌体墩身、台身有无砌块破损、剥落、松动、变形、灰缝脱落,砌体泄水孔是否堵塞。

(5)桥台翼墙、侧墙、耳墙有无破损、裂缝、位移、鼓肚、砌体松动。台背填土有无沉降或挤压隆起,排水是否畅通。

(6)基础是否发生冲刷或淘空现象,地基有无侵蚀。水位涨落、干湿交替变化处基础有无冲刷磨损、颈缩、露筋,有无开裂,是否受到腐蚀。

(7)锥坡、护坡有无缺陷、冲刷。

9)附属设施检查

(1)养护检修设施是否完好。

(2)减振、阻尼装置是否完好。

(3)墩台防撞设施是否完备。

(4)桥上避雷装置是否完好。

(5)桥上航空灯、航道灯是否完好,能否保证正常照明。桥面照明及结构物内供养护检修的照明系统是否完好。

(6)防抛网、声屏障是否完好。

(7)结构监测系统仪器设备工作是否正常。

(8)除湿设备工作是否正常。

10)河床及调治构造物检查

(1)桥位段河床有无明显冲淤或漂流物堵塞现象,有无冲刷及变迁状况。河底铺砌是否完好。

(2)调治构造物是否完好,功能是否适用。

11)定期检查

定期检查中发现的各种缺损应在现场将其范围、分布特征、程度及检测日期标记清楚。对 3、4、5 类桥梁及有严重缺损的构件,应作影像记录,并附病害状况说明。

定期检查后提交检查报告,应包括下列内容:

(1)桥梁基本状况卡片(附录 A)、桥梁定期检查记录表(附录 B)、桥梁技术状况评定表。

(2)典型缺损和病害的照片、文字说明及缺损分布图,缺损状况的描述应采用专业标准术语,说明缺损的部位、类型、性质、范围、数量和程度等。

(3)三张总体照片。包括桥面正面照片一张,桥梁两侧立面照片各一张。

(4)判断病害原因及影响范围,并与历次检查报告进行对比分析,说明病害发展情况。

(5)桥梁的技术状况评定等级。

(6)提出养护建议及下次检查时间。

12)限、停交通建议

对需限制交通或关闭的桥梁应及时报告并提出建议。

13)桥梁定期检查工作流程

桥梁定期检查工作流程见图 3.1-1。

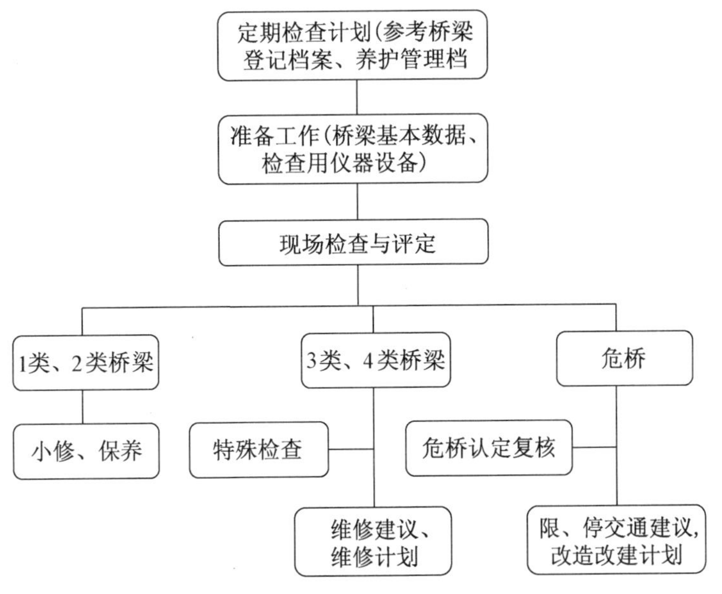

图 3.1-1　桥梁定期检查工作流程

3.1.5 特殊检查

下列情况应作特殊检查:

(1)定期检查中难以判明构件损伤原因及程度的桥梁。

(2)拟通过加固手段提高荷载等级的桥梁。

(3)需要判明水中基础技术状况的桥梁。

(4)遭受洪水、流冰、滑坡、地震、风灾、火灾、撞击,因超重车辆通过或其他异常情况影响而造成损伤的桥梁。

特殊检查应根据检测目的、病害情况和性质,采用仪器设备进行现场测试和其他辅助试验,针对桥梁现状进行检算分析,形成评定结论,提出建议措施。

实施特殊检查前,应充分收集桥梁设计资料、竣工资料、材料试验报告、施工资料、历次检测报告及维修资料等,并现场复核。

特殊检查应包括下列一项或多项内容:

(1)材料的物理、化学性能及其退化程度的测试鉴定;结构或构件开裂状态的检测及评定。

(2)结构的强度、刚度和稳定性的检算、试验和鉴定。桥梁承载能力评定宜按现行《公路桥梁承载能力检测评定规程》(JTG/T J21)执行。

(3)桥梁抵抗洪水、流冰、风、地震及其他灾害能力的检测鉴定。

(4)桥梁遭受洪水、流冰、滑坡、地震、风灾、火灾、撞击,因超重车辆通过或其他因素造成损伤的检测鉴定。

(5)水中墩台身、基础的缺损情况的检测评定。

(6)定期检查中发现的较严重的开裂、变形等病害,应进行跟踪观测,预测其发展趋势。

特殊检查后应提交检查报告。检查报告应包括下列内容:

(1)桥梁基本状况信息。

(2)特殊检查的总体情况概述,包括桥梁的基本情况、检测的组织、时间、背景、目的和工作过程等。

(3)现场调查、检测与试验项目及方法的说明。

(4)详细描述检测部位的损坏程度并分析原因。

(5)桥梁结构特殊检查评定结果。

(6)填写“桥梁特殊检查记录表”(附录E)。

(7)提出结构部件和总体的维修、加固或改建的建议。

3.2 涵洞检查

3.2.1 经常检查

(1)经常检查每季度不少于1次,在汛期及冰雪前后应加大检查频率。

(2)经常检查采用目测方法,也可配以简单工具进行测量,现场填写“涵洞经常检查记录表”(附录F),记录所检查项目的缺损类型,估计缺损范围及养护工作量,提出相应的小修保养措施,为编制辖区内涵洞养护工作计划提供依据。

(3)经常检查内容包括:

①进、出水口铺砌、翼墙、护坡、挡水墙、沉砂井、跌水、急流槽等是否完整。

②进、出水口是否堵塞,沉砂井有无淤积,洞内有无淤塞及排水不畅。

③洞口周围是否有杂物堆积,涵洞是否清洁、渗漏水。

④高填土涵洞的路基填土是否稳定、是否沉降。

⑤涵洞结构各构件是否有损坏。

⑥交通标志及涵洞其他附属构造是否完好。

⑦其他明显的损坏或病害。

(4)经常检查中发现有排水不畅或有构件明显损坏需要进行维修时,应做好记录并及时报告。

3.2.2　定期检查

(1)涵洞的定期检查周期不得超过3年,特殊结构及特别重要的涵洞每年检查不少于1次。新建、改建涵洞交付使用两年内,应进行第一次全面检查。经常检查发现存在较大损坏时,应立即安排定期检查。

(2)定期检查以目测观察结合仪器观测进行,应接近各部件仔细检查其缺损情况。定期检查的主要工作有:

①现场校核涵洞基本数据,填写或补充完善“涵洞基本状况卡片”(附录G)。

②现场填写“涵洞定期检查记录表”(附录H),记录各部件缺损状况。

③判断病害原因,确定维修范围及方式。

④进行涵洞技术状况评定,提出下次检查时间建议。

⑤对损坏严重、危及安全运营的涵洞,提出限制交通、维修加固或改建的建议。

(3)定期检查应包括下列内容:

①检查涵洞的过水能力,包括涵洞的位置是否适当,孔径是否足够,涵底纵坡是否合适。

②进、出水口铺砌、翼墙、护坡、挡水墙、沉砂井、跌水、急流槽等是否完整,洞口连接是否平整顺适,排水是否顺畅。

③涵体侧墙或台身是否渗漏水、开裂、变形或倾斜,墙身砌缝砂浆是否脱落,砌块是否松动,基础是否冲刷淘空。

④涵身顶部的盖板、顶板或拱顶是否开裂、漏水、变形下挠,砌缝砂浆是否脱落,砌块是否松动、脱落。

⑤涵底是否淤塞阻水,涵底铺砌是否开裂、沉降、隆起或缺损。

⑥洞口附近填土是否有渗水、冲刷、空洞,填土是否稳定。

⑦涵洞顶路面是否开裂、沉陷、存在跳车现象。

⑧交通标志及涵洞其他附属设施是否损坏、失效。

(4)涵洞定期检查可按照表3.2-1,并结合检查人员经验,对涵洞的技术状况综合做出好、较好、较差、差、危险五个级别的技术状况评定,提出日常养护、维修、加固、改建等建议。

表3.2-1 涵洞技术状况评定标准

技术状况评定等级	涵洞技术状况描述
好	各构件及附属结构完好,使用正常
较好	主要构件有轻微缺损,对使用功能无影响
较差	主要构件有中等缺损,病害发展缓慢,尚能维持正常使用功能
差	主要构件有大的缺损,严重影响涵洞使用功能;或影响承载能力,不能保证正常使用
危险	主要构件存在严重缺损,不能正常使用,危及涵洞结构安全

(5)涵洞定期检查后应提交下列文件:

①本次检查涵洞清单。

②涵洞基本状况卡片(附录G)、涵洞定期检查记录表(附录H)、涵洞技术状况评定表。

③典型缺损和病害的照片及说明。缺损状况的描述应采用专业标准术语,说明缺损的部位、类型、性质、范围、数量和程度等。

④两张总体照片。一张上游侧立面照片,一张下游侧立面照片。

⑤定期检查报告应包括下列内容:

a.辖区内所有被检查涵洞的技术状况评定等级及日常养护情况,可按路线编号进行统计或按涵洞结构类型进行统计。

b.需要维修加固或改建的涵洞,说明维修的项目、拟采用的维修方案、预估费用和建议实施时间。

c.需进行交通管制的涵洞的建议报告。

3.3 桥梁评定

3.3.1 一般规定

桥梁评定分为一般评定和适应性评定:

(1)一般评定依据桥梁定期检查资料,通过对桥梁各部件技术状况的综合评定,确定桥梁的技术状况等级,提出各类桥梁的养护措施。

(2)适应性评定依据桥梁定期及特殊检查资料,结合试验与结构受力分析,评定桥梁的实际承载力、通行能力、抗洪能力。

(3)一般评定由负责定期检查者进行,适应性评定应委托有相应资质及能力的单位进行。

3.3.2　一般评定

全桥总体技术状况等级评定，宜采用考虑桥梁各部件权重的综合评定方法，亦可按重要部件最严重的缺损状况评定，或对照桥梁技术状况评定标准进行评定。

1）桥梁构件技术状况的评定方法

（1）根据缺损程度（大小、多少或轻重）、缺损对结构使用功能的影响程度（无、小、大）和缺损发展变化状况（趋向稳定、发展缓慢、发展较快）三个方面，以累加评分方法对各部件缺损状况作出等级评定，见表 3.3-1。

表 3.3-1　桥梁部件缺损状况评定方法

<table>
<tr><td colspan="3">缺损状况及标度</td><td>组合评定标度</td></tr>
<tr><td colspan="2" rowspan="4">缺损程度及标度</td><td rowspan="3">程度</td><td>小→大</td></tr>
<tr><td>少→多</td></tr>
<tr><td>轻度→严重</td></tr>
<tr><td>标度</td><td>0　1　2</td></tr>
<tr><td rowspan="3">缺损对结构使用功能的影响程度</td><td>无、不重要</td><td>0</td><td>0　1　2</td></tr>
<tr><td>小、次要</td><td>+1</td><td>1　2　3</td></tr>
<tr><td>大、重要</td><td>2</td><td>2　3　4</td></tr>
<tr><td colspan="3">以上两项评定组合标准</td><td>0　1　2　3　4</td></tr>
<tr><td rowspan="3">缺损发展变化状况的修正</td><td>趋向稳定</td><td>−1</td><td>0　1　2　3</td></tr>
<tr><td>发展缓慢</td><td>0</td><td>0　1　2　3　4</td></tr>
<tr><td>发展较快</td><td>+1</td><td>1　2　3　4　5</td></tr>
<tr><td colspan="3">最终评定的标度</td><td>0　1　2　3　4　5</td></tr>
<tr><td colspan="3" rowspan="2">构件技术状况及分类</td><td>完好　良好　较好　较差　差危险</td></tr>
<tr><td>一类　二类　三类　四类　五类</td></tr>
</table>

注：1. “0”表示完好状态，或表示没有设置的构造部件。

2. “5”表示危险状态，或表示原无设置，而调查表明需要补设的部件。

（2）桥梁部件分为主要部件和次要部件，其中各结构类型桥梁主要部件见表 3.3-2，其他部件为次要部件。

表 3.3-2　各结构类型桥梁主要部件

序号	结 构 类 型	主 要 部 件
1	梁桥	上部承重构件、桥墩、桥台、基础、支座
2	板拱桥、肋拱桥、箱型拱桥、双曲拱桥	主拱圈、拱上结构、桥面板、桥墩、桥台、基础
3	刚架拱桥、桁架拱桥	刚架拱片、横向联结系、桥面板、桥墩、桥台、基础
4	钢-混凝土组合拱桥	拱肋、横向联结系、立柱、吊杆、系杆、行车道板、支座、桥台、基础
5	悬索桥	主缆、吊索、加劲梁、索塔、锚锭、桥墩、桥台、基础、支座
6	斜拉桥	斜拉索、主梁、索塔、桥墩、桥台、基础、支座

(3)推荐的各部件权重见表3.3-3。

表3.3-3　桥梁各部件权重及综合评定方法

<table>
<tr><th>部件</th><th>部件名称</th><th>权重 W_i</th><th>桥梁技术状况评定办法</th></tr>
<tr><td>1</td><td>翼墙、耳墙</td><td>1</td><td rowspan="17">(1)综合评定采用下列算式:
$$D_r = 100 - \sum_{i=1}^{n} R_i W_i / 5$$
式中:R_i——按桥梁部件缺损状况评定方法对各部件的评定标度(0~5);
W_i——各部件权重,$\sum W_i = 100$;
D_r——全桥结构技术状况评分(0~100);评分高表示结构状况好,缺损少。
(2)评定分类采用下列界限:
$D_r \geqslant 88$　1类
$88 > D_r \geqslant 60$　2类
$60 > D_r \geqslant 40$　3类
$40 > D_r$　4类、5类
$D_r \geqslant 60$ 的桥梁,并不排除其中有评定标度 $R_i \geqslant 3$ 的部件,仍有维修的需要</td></tr>
<tr><td>2</td><td>锥坡、护坡</td><td>1</td></tr>
<tr><td>3</td><td>桥台及基础</td><td>23</td></tr>
<tr><td>4</td><td>桥墩及基础</td><td>24</td></tr>
<tr><td>5</td><td>地基冲刷</td><td>8</td></tr>
<tr><td>6</td><td>支座</td><td>3</td></tr>
<tr><td>7</td><td>上部主要承重构件</td><td>20</td></tr>
<tr><td>8</td><td>上部一般承重构件</td><td>5</td></tr>
<tr><td>9</td><td>桥面铺装</td><td>1</td></tr>
<tr><td>10</td><td>桥头与路堤连接处</td><td>3</td></tr>
<tr><td>11</td><td>伸缩装置</td><td>3</td></tr>
<tr><td>12</td><td>人行道</td><td>1</td></tr>
<tr><td>13</td><td>栏杆、护栏</td><td>1</td></tr>
<tr><td>14</td><td>照明、标志</td><td>1</td></tr>
<tr><td>15</td><td>排水设施</td><td>1</td></tr>
<tr><td>16</td><td>调治构造物</td><td>3</td></tr>
<tr><td>17</td><td>其他</td><td>1</td></tr>
</table>

2)桥梁技术状况评定标准

桥梁总体技术状况评定等级分为1类、2类、3类、4类、5类。见表3.3-4。

表3.3-4　桥梁总体技术状况评定等级

技术状况评定等级	桥梁技术状况描述
1类	全新状态、功能完好
2类	有轻微缺损、对桥梁使用功能无影响
3类	有中等缺损,尚能维持正常使用功能
4类	主要构件有大的缺损,严重影响桥梁使用功能;或影响承载能力,不能保证正常使用
5类	主要构件存在严重缺损,不能正常使用,危及桥梁安全,桥梁处于危险状态

3)裂缝状态评估

梁、拱、墩台裂缝的最大限值规定见表3.3-5。裂缝超过表列数值时,应进行修补或加固,以保证结构的耐久性。

表3.3-5　裂缝限值

<table>
<tr><th>结构类型</th><th colspan="3">裂缝种类</th><th>允许最大缝宽（mm）</th><th>其他要求</th></tr>
<tr><td rowspan="5">钢筋混凝土梁</td><td colspan="3">主筋附件竖向裂缝</td><td>0.25</td><td></td></tr>
<tr><td colspan="3">腹板斜向裂缝</td><td>0.30</td><td></td></tr>
<tr><td colspan="3">组合梁结合面</td><td>0.50</td><td>不允许贯通结合面</td></tr>
<tr><td colspan="3">横隔板与梁体端部</td><td>0.30</td><td></td></tr>
<tr><td colspan="3">支座垫石</td><td>0.50</td><td></td></tr>
<tr><td rowspan="2">预应力混凝土梁</td><td colspan="3">梁体竖向裂缝</td><td>不允许</td><td></td></tr>
<tr><td colspan="3">梁体纵向裂缝</td><td>0.20</td><td></td></tr>
<tr><td rowspan="3">砖、石、混凝土拱</td><td colspan="3">拱圈横向</td><td>0.30</td><td>裂缝高度小于截面高度一半</td></tr>
<tr><td colspan="3">拱圈纵向</td><td>0.50</td><td>裂缝长度小于跨径的1/8</td></tr>
<tr><td colspan="3">拱波与拱肋结合处</td><td>0.20</td><td></td></tr>
<tr><td rowspan="5">墩台</td><td colspan="3">墩台帽</td><td>0.30</td><td rowspan="5">不允许贯通墩身截面一半</td></tr>
<tr><td rowspan="3">墩台身</td><td>经常受浸蚀性水影响</td><td>有筋
无筋</td><td>0.20
0.30</td></tr>
<tr><td>常年有水，但无浸蚀性水影响</td><td>有筋
无筋</td><td>0.25
0.35</td></tr>
<tr><td colspan="2">干沟或季节性有水河流</td><td>0.40</td></tr>
<tr><td colspan="3">有冻结作用部分</td><td>0.20</td></tr>
</table>

3.3.3　桥梁适应性评定

对桥梁的承载能力、通行能力、抗洪能力应周期性地进行评定。评定周期一般为3～6年。评定工作可与桥梁的定期检查、特殊检查结合进行。对无洪水等灾害的桥梁可不进行抗洪能力评定，承载能力、通行能力评定方法见《公路旧桥承载能力鉴定方法》。

1）桥梁承载能力评定

（1）承载力评定适用范围。

①新建的大跨度桥梁，尤其采用新结构、新材料和新工艺的桥跨结构，如斜拉桥、悬索桥、拱桥和特大跨度的连续梁桥等，需通过荷载试验进行承载力鉴定，以判断设计与施工质量是否满足设计文件和规范的要求，并建立档案，以备养护维修使用。

②运营一定年限后，根据桥梁技术状况评定情况安排承载状况评定。

③船舶和车辆撞击、地震、台风等突发事件后进行承载状况评定。

④对加固、改造后的桥梁应进行承载力评定。

⑤超过设计荷载等级的车辆过桥时，也需借助承载力评定认可，方能通行。

⑥对缺乏设计和施工技术数据的旧桥，为判断其能否承受预计的荷载，也需借助承载力评定。

（2）承载力评定方法。

①桥梁技术状态调查与理论计算。在不具备荷载试验条件时，可以通过理论计算评

估桥梁承载力。对运营中的桥梁,尤其是旧桥或受过较大损伤的桥梁,首先应对桥梁整体,特别是对重要部件、控制部位进行实际检查和调查,借助必要的工具和仪器,取得关于跨径、材料强度、断面尺寸、断面削弱、裂缝、锈蚀程度等数据,再按有关规范和要求进行计算和分析。

②荷载试验。荷载试验是将标准设计荷载或标准设计荷载的等效荷载或事先根据实际情况拟定的荷载施加于实桥结构的指定位置,对实桥结构的应力分布、变形(包括挠度)进行测量,以此对实桥结构承载力作出判断。荷载试验是获得桥梁承载力数据最直接、最可靠的方法。

荷载试验有静力试验和动力试验两种。对同一座桥梁进行试验时,有时两种均做,有时只做一种。

静力试验的一般内容有:

a. 结构的竖向挠度、侧向挠度和扭转变形;挠度数据十分重要,因为它代表了结构的实际刚度。

b. 控制截面的应力分布,并取得最大值和偏载特性。

c. 支座伸缩、转角;墩顶位移及转角。

d. 是否出现裂缝,初始裂缝荷载,裂缝出现的位置、方向、长度、宽度及卸载后闭合情况。

e. 混凝土结构的碳化深度,用无损检测法(如超声法、回弹法)测混凝土强度。

f. 卸载后的残余变形;对于特殊结构桥梁,如悬索桥和斜拉桥,尚需观测索力、塔的变位并进行支座反力的测定。

动力试验的一般内容包括:

a. 定桥跨结构在车辆荷载下的强迫振动特性,如冲击系数、强迫振动频率、动位移和动应力等。

b. 测定桥跨结构的自振特性,如自振频率、振形和阻尼特性等。

c. 测定动力荷载本身的动力特性,如振源的频率、制动力和牵引力等。

(3)承载力评定。

根据技术状况评定、理论计算和荷载试验得到的数据,经过分析研究,可作出下列判断和结论:

①桥梁技术状况良好或较好,承载力满足设计荷载等级要求。可按设计荷载等级运营使用,只需进行正常保养管理及必要的局部小修。

②桥梁技术状况较差或不好,承载力不能满足设计荷载等级要求。此时,只能降低使用荷载等级、限速通行。所限荷载等级由理论计算和技术状况分析确定。应拟订中、大修或加固方案,并积极筹备尽快实施。

③桥梁处于危险状态,应立即封桥。通过专家会议决定根治病患,加固、更换构件,甚至拆除重建。

2)桥梁抗洪能力评定

桥梁抗洪能力评定的具体要求见表3.3-6。

表3.3-6　桥梁抗洪能力评定标准

等级	评定标准
强	1. 桥下实际过水面积满足设计要求,桥下净空符合规定; 2. 桥(孔)位置合适,调治构造物设置合理、齐全,河床稳定; 3. 基础埋深足够,基底埋深安全值满足要求;浅基础已做防护,防护周边的冲刷深度小于设计冲刷深度; 4. 墩台无明显冲蚀、剥落
可	1. 桥下实际过水面积基本满足设计要求,河道压缩小于10%;上部结构底面高程与设计水位相同; 2. 桥(孔)位置略有偏置,设置了调治构造物,调治构造物有局部缺损,河床基本稳定; 3. 基础埋深基本满足要求,基底埋深安全值满足规定的60%;浅基础防护基本完好; 4. 墩台有冲蚀、剥落,面积小于10%
弱	1. 桥下实际过水面积大于设计的80%,不满足设计要求或河道压缩小于20%;上部结构底面高程基本与设计水位相同; 2. 桥(孔)位置有偏置,调治构造物不齐全或有较大损坏; 3. 基础埋深安全值较低,在规定的30%～60%以内;浅基础防护有破坏; 4. 墩台有冲蚀、剥落,面积超过10%,有露筋及钢筋锈蚀
差	1. 桥下实际过水面积小于设计的80%,或河道压缩小于20%;上部结构底面高程低于设计水位; 2. 桥(孔)位置偏置,应设而未设调治构造物,或调治构造物有严重损坏; 3. 基础埋深不够,基底埋深安全值在规定的30%以下;浅基础未做防护或防护被冲空面积在20%以上; 4. 墩台有冲蚀、剥落严重,面积超过20%,桩顶外露或有缩颈,墩台砌体松动、脱落或变形,露筋及钢筋锈蚀严重

3.4　危桥认定、复核流程

3.4.1　危桥认定

危桥,是指处于危险状态、不能达到通行安全状态的桥梁,符合现行《公路桥涵养护技术规范》(JTG 5120)、《公路桥梁技术状况评定标准》(JTG H21)桥梁技术状况评定标准中5类危险状态的桥梁,即符合下列指标之一的桥梁:

(1)上部结构有落梁,或有梁、板断裂现象。

(2)梁桥上部承重构件控制截面出现全截面开裂,或组合结构上部承重构件结合面开裂贯通,造成截面组合作用严重降低。

(3)梁桥上部承重构件有严重的异常位移,存在失稳现象。

(4)结构出现明显的永久变形,变形大于规范值。

(5)关键部位混凝土出现压碎或杆件失稳倾向,或桥面板出现严重塌陷。

(6)拱式桥拱脚严重错台、位移,造成拱顶挠度大于限值,或拱圈严重变形。

(7)圬工拱桥拱圈大范围砌体断裂,脱落现象严重。

(8)腹拱、侧墙、立墙或立柱被破坏造成桥面板严重塌落。

(9)系杆或吊杆出现严重锈蚀或断裂现象。

(10)悬索桥主缆或多根吊索出现严重锈蚀、断丝。

(11)斜拉桥拉索钢丝出现严重锈蚀、断丝,主梁出现严重变形。

(12)扩大基础冲刷深度大于设计值,冲空面积达20%以上。

(13)桥墩(桥台或基础)不稳定,出现严重滑动、下沉、位移、倾斜等现象。

(14)悬索桥、斜拉桥索塔基础出现严重沉降或位移;或悬索桥锚碇有水平位移或沉降。

3.4.2 危桥复核

技术状况复核应重点针对桥梁病害,调查结构是否满足现行规范要求;调查桥梁构件缺损及病害成因是否查明;对承载能力或抗灾能力及技术状况评定是否符合规范要求等方面进行复核。复核意见中应作出对桥梁技术状况是否为危桥的评定。

1)复核流程

(1)桥梁技术状况评定为4、5类的桥梁,由首发集团的桥梁养护工程师提出初步复核意见。

(2)对于确定需复核的桥梁,首发集团应立即安排制订方案,安排特殊检查,并提出最终复核意见。

(3)复核时,对于难以判断损坏原因的大桥或特殊结构桥梁,应组织专家论证,如图3.4-1所示。

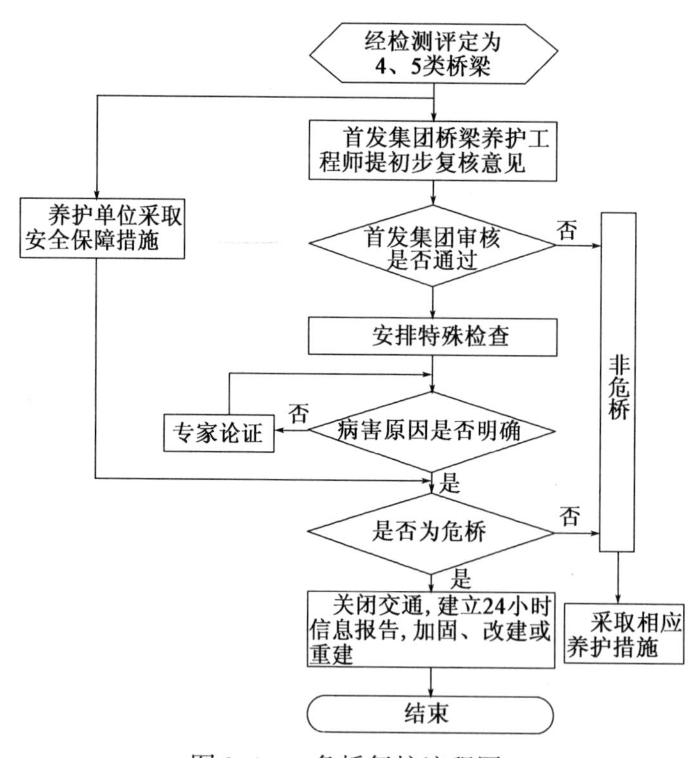

图3.4-1　危桥复核流程图

2)保障措施

(1)复核期间,养护单位应采取应急保障措施,保证桥梁运营安全。

(2)危桥一经确定,应及时关闭交通。养护单位应建立24小时信息报告制度,做好检查记录。首发集团应采取相应应急保障措施,同时按相关规定安排加固、改建或重建。

(3)复核确定为非危桥的,按相关规定进行养护维修。

3.5　检测设备

主要检测设备如图 3.5-1 所示。

a)全站仪　b)精密水准仪　c)非金属超声检测仪　d)钢筋锈蚀仪

e)钢筋定位仪　f)回弹仪　g)裂缝宽度观测仪　h)裂缝测深仪

i)激光测距仪　j)读数显微镜　k)碳化深度测试仪　l)数码相机

m)桥梁检测车　n)人字梯

图 3.5-1　检测设备照片

第4章　桥梁监测与评估配套实施细则

4.1　桥梁监测技术

4.1.1　桥梁结构健康监测

结构健康监测就是通过实时、连续的无损传感监测技术,收集桥梁各种荷载和荷载激励下的结构响应数据,并对此进行分析,以识别结构损伤,判断损伤位置,确定损伤程度,最后对结构的健康状况作出评估。

对于桥梁来说,建设结构健康监测系统的主要理论和实践意义包括:设计验证,确保桥梁安全;及时发现桥梁损伤;为桥梁维护管理提供技术依据;辅助桥梁日常交通管理。

1)桥梁结构健康监测系统基本框架

通常意义上,桥梁结构健康监测系统由四个子系统组成,系统框架如图4.1-1所示。

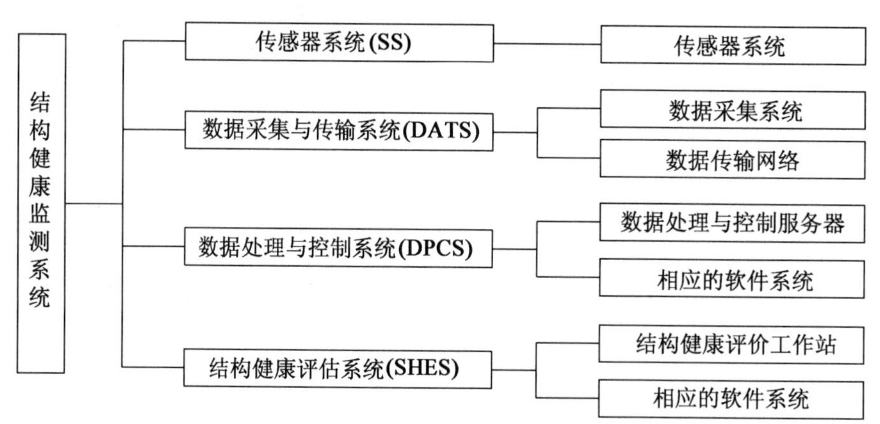

图4.1-1　桥梁结构健康监测系统框架

根据各系统功能所处层次的不同,桥梁结构健康监测系统的功能实现可分为以下四层:

(1)数据采集层;

(2)数据预处理及传输层;

(3)系统控制与数据处理层;

(4)结构健康评价层。

2)桥梁结构健康监测系统工作流程

系统功能实现的工作流程如图4.1-2所示。

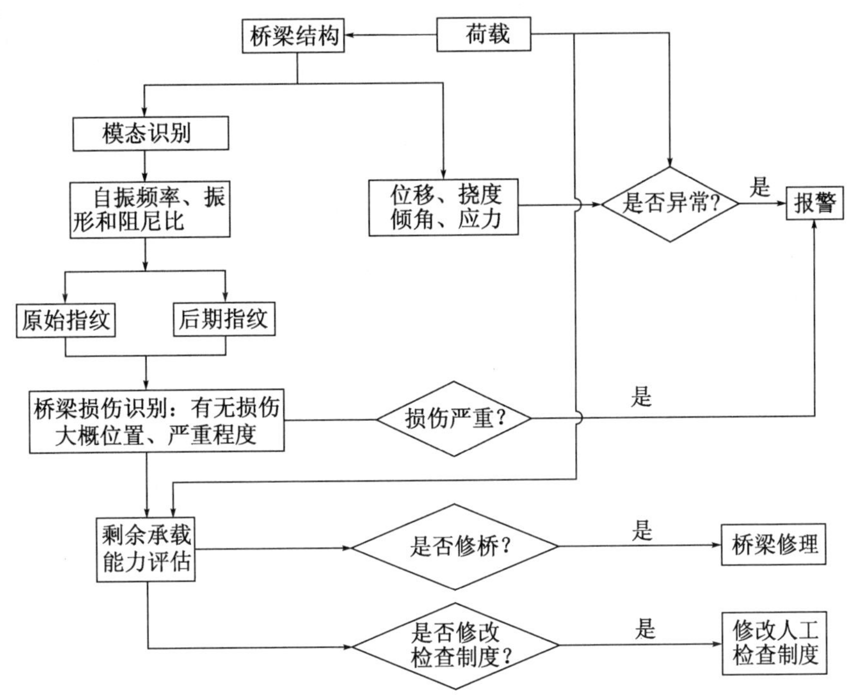

图 4.1-2　桥梁结构健康监测系统工作流程

3）桥梁结构健康监测系统与桥梁检查

（1）从桥梁管理体系的角度，桥梁结构健康监测系统与桥梁检查一样都是桥梁管理体系中的重要组成部分，二者相辅相成，不可分割。

（2）桥梁监测系统目前只能通过各种桥梁结构响应的变化，大致确定桥梁结构损伤是否存在及损伤的位置，需要通过人工检查确定损伤类型和损伤程度。所以，对于安装监测系统的大桥及特大桥，仍然需要建立一套完整的人工检查制度。

（3）当监测系统发现损伤并大概确定损伤位置后，需要对损伤的位置进行人工检查，以确定损伤的精确位置、损伤类型和程度，这种检查被称为针对性检查。

（4）桥梁承载力评估和健康管理需要使用数据库存储桥梁每个构件的状况，而监测系统获得桥梁关键部位和整体结构的响应，系统对其他绝大部分构件的状况可谓“一无所知”。所以需要隔一段时间对整个桥梁进行一次整体的“普查”，定期对桥梁进行的检查被称为规划性检查。

（5）为充分发挥结构健康监测系统在桥梁管理工作中的作用，应建立相应的桥梁检测制度，只有这样才能真正地为桥梁检查、桥梁维护提供确实可靠的依据，保证管理者管理决策的针对性和有效性。

4）桥梁结构健康监测系统与桥梁初始指纹测试

要实现桥梁结构健康监测系统的结构安全预警、结构评估等核心功能，需要为被监测的桥梁设定一个基准线，即桥梁结构的基准状态（见 2.5.3）。

4.1.2　桥梁健康监测关键技术

1）传感器优化布点

传感器优化布点原则：

(1)在含噪声的环境中,能够利用尽可能少的传感器获取全面、精确的结构参数信息。

(2)测得的模态应能够与模型分析的结果建立起对应关系。

(3)能够通过合理添加传感器对感兴趣的部分模态进行数据重点采集。

(4)测得的时程记录将对模态参数的变化最为敏感。除此之外,Carne 和 Dohrmann 还强调了传感器布设应使得模态试验结果具有良好的可视性(Visualization)和鲁棒性(Robustness)。

2)损伤识别技术

具体识别损伤的方法大致可分为两类:

(1)无模型的识别方法。它们不使用结构模型,属于这类方法的有:基于 FRF 的损伤识别指标方法,包括 Waveform Chain Code(WCC,其中又包括量测 FRF 的斜率差和曲率差),Adaptive Template Methods(ATM),Signature Assurance Criteria(SAC);此外,还有人工神经元网络、ARMA 模型、模式识别等。

(2)有模型的识别方法。它们往往通过桥梁结构的有限元模型进行识别。这类方法首先通过动测进行模态参数(自振频率、振形、振型阻尼比、应变模态)识别,然后通过模态参数识别损伤。

3)桥梁结构模态识别

模态识别主要是时域法和时频域法,以适应输入和结构反应的非平稳性、非白噪声性和非线性,并提高计算速度。

4)桥梁结构剩余承载力评估

(1)剩余承载力评估应使用精确分析模型,不能使用设计时的近似模型。

(2)剩余承载力评估应依据结构可靠度理论,因为不同材料、不同极限状态的分项系数设计公式的目标可靠度不同。

(3)桥梁承载能力评估包括抗力和荷载两个部分,汽车荷载是运营中桥梁的主要活荷载,从可靠度来看,设计阶段桥梁抗力不确定性比荷载小,而评估阶段抗力不确定性大,而荷载的不确定性可以通过实测的数据减小。

4.2 桥梁定期监测

4.2.1 适用范围

桥梁定期监测具有设备循环利用、资金投入少、针对性强的特点,适用于大、中桥梁或病害桥梁。大、中桥梁或病害桥梁采取定制化的桥梁定期监测。桥梁定期监测系统由首发集团根据大、中桥梁或病害桥梁的评定结果,按需要选取部分重要的桥梁建设相应的桥梁定期监检系统,并委托有相应资质和业绩的单位设计、实施。

4.2.2 监测内容

根据桥梁结构特点,设定典型的监测项目,一般包括:动应力/应变监测、动挠度监测、桥梁振动模态监测、桥梁裂缝动态监测、梁端位移监测、墩顶沉降监测等。根据监测项目,在桥梁上安装相应的传感器,采用定期监测的方式实现桥梁的半自动化监测,数据经分析后,向业主提供桥梁监测分析评估报告。

4.2.3　监测方式及设备

1)桥梁动挠度监测

桥梁挠度是反映桥梁整体刚度的重要指标,是桥梁结构安全评价的重要依据,桥梁挠度与桥梁承载能力和桥梁抵御地震等破坏性荷载的能力有密切关系。

常用桥梁挠度的测量方法有:悬锤法、水准仪直接测量法和水准仪逐点测量法。但是,这些方法只能实现桥梁的静态测量,测量时应封桥数小时甚至是一天,对于运输繁忙的高速公路桥梁,测量将不可避免地带来巨大的经济损失。

常用设备为:动挠度仪、激光挠度仪。

2)桥梁振动模态监测

桥梁振动模态监测模态(固有频率、振形和阻尼)是反映桥梁动力性能和结构整体刚度的重要指标。在桥梁振动模态测试中,主要有三种类型的动力试验:强迫振动测试、自由振动测试和脉动测试。前两种振动测试均由人工激励产生振动,需要中断交通,只适用于中、小型桥梁,且成本高昂。

针对桥梁振动模态监测,进行如下研究:

(1)研究采用脉动测试方法进行桥梁振动模态监测,这种方法不需要中断交通,也不需要人工激励,而是利用交通、风等自然环境因素激励桥梁。

(2)通过对桥梁分段进行密集模态测试,研究利用模态拼接技术得出全桥振动模态,再通过模态识别技术实现桥梁模态参数的提取,从而为桥梁的动力性能和结构整体刚度的分析评估提供依据。

常用设备:加速度传感器及采集仪。

3)裂缝动态监测

目前,国内对于混凝土结构裂缝都是采用定期检测的方式以确定裂缝的长度、宽度和深度。对于混凝土桥梁结构而言,桥梁运营过程中的裂缝扩展情况是桥梁结构安全的重要指标,然而定期检测无法对裂缝扩展情况进行连续的观测。

针对裂缝动态监测,研究采用可连续监测裂缝扩展情况的传感器,定期监测一段时间内的裂缝扩展情况,利用精细有限元模型的模拟和修正,进行桥梁结构的损伤评估和承载能力评估,为桥梁结构的安全管理和结构状况评估提供依据。

常用设备:裂缝计。

4)控制截面应变监测

应力(应变)不仅是进行大桥疲劳分析的基础,也是构件安全评估的基础。在主梁应力计算结果的基础上,兼顾优化的原则可以确定监测位置。

大桥直接承担着车辆荷载,极易因异常荷载而损伤。而对车辆荷载影响反映最直接的就是结构的动态应变,通过对结构动态应变的监测,可以较好地掌握桥梁在受动态荷载(车辆、地震、台风)下结构的响应,并可以通过动力放大系数、荷载统计得出结构安全状况。

应变测试技术较为成熟,常用设备为各类应变计。

5)梁端位移监测

梁端位移反映了桥梁的整体变形状况,是应重点监测的对象。

其常用设备为位移计。

4.2.4 监测数据

通过定期监测获得的数据需经分类处理,向业主提交监测报告。定期监测由现场采集设备直接获取数据,数据量较小,管理及分析也较为容易,通过监测报告及时发现桥梁结构异常状况。

4.3 桥梁实时监测

4.3.1 适用范围

实时监测较之定期监测最大的特点是数据传输及处理的实时性、监测时间的连续性和长期性。其一次性投入较高,适用于特大桥、特殊结构桥梁。特大桥、特殊结构桥梁健康监测系统由首发集团根据需要建设,委托有相应资质和业绩的单位设计、实施。

4.3.2 监测内容

桥梁结构健康监测系统一般设计的监测项目包括:

(1)环境监测:空气温度湿度监测。

(2)荷载源监测(输入参数):包括风荷载监测、交通荷载监测、温度荷载监测。

(3)桥梁响应监测(输出参数):包括挠度、位移、应力/应变、拉索索力和振动监测。

4.3.3 监测方式及设备

1)环境监测

环境监测主要是通过空气温度计、湿度计对桥址处的环境温度、湿度进行连续监测,统计并掌握大桥环境状况,为大桥材料性能及耐久性评估提供环境分析数据。

主要设备为温、湿度计。

2)风荷载监测

风荷载监测主要是通过风速仪对桥址处的风速、风向进行监测,记录异常风荷载,从而为异常风速状况下的桥梁工作状况(如变形、应力变化等)的分析提供荷载数据。

主要设备为风速仪。

3)交通荷载监测

交通荷载监测主要是通过动态称重系统(WIM)在不中断交通的情况下记录车流量、

车速、轴重、轴距等关键交通荷载信息，统计分析其汽车荷载模型，用于桥梁承载能力评定，并辅助进行日常交通管理和桥梁结构安全管理。

主要设备为动态称重系统。

4）挠度监测

（1）对斜拉桥、悬索桥，挠度监测主要是通过 GPS（全球卫星定位系统）来监测桥梁在运营期间内，在活载、恒载及长期荷载作用下，桥梁主要结构断面的位移情况，而塔身的位移通过沿塔身布设的小量程、高精度倾角仪来监测，从而掌握和预警桥梁结构刚度变化情况，为桥梁整体状况评估提供数据。

（2）对连续梁、连续刚构等结构类型桥梁，主要是通过连通管或人工检查的方法进行定期挠度监测。

5）应力（应变）监测

通过对关键断面上的应力（应变）监测点的连续采集，监测桥梁在运营荷载作用下的工作性能，从而掌握桥梁结构受活载冲击情况和桥梁刚度变化的情况；并且通过对比在一段时期内的桥梁主要测试断面的应力变化情况，可为识别桥梁结构是否存在病害提供分析数据。

主要设备为光纤应变计、振弦应变计等。

6）振动监测

通过对关键断面上的振动监测点的连续采集，监测桥梁在运营荷载作用下的桥梁动力特性参数（频率、振形和阻尼）和振动水平（振动强度和幅度），从而掌握桥梁结构受活载冲击情况和桥梁结构刚度变化的情况。

主要设备为加速度传感器。

7）索力监测

索力监测主要是通过选取在索力敏感的拉索上安装压力环或加速度传感器来定期监测该索索力的变化，从而掌握和预警其所属索区的索力分配情况，为拉索和桥梁的状况评估提供数据。

主要设备为压力环或加速度传感器。

4.3.4　系统功能

1）监测功能

（1）根据设定的监测项目，选择各种传感器的类型，在桥梁上构建传感器系统。

（2）根据传感器类型、数量进行采集设备选型配置，在桥梁上构建数据采集系统。

（3）开发的数据采集控制软件的前端程序嵌入采集设备之中，后台程序安装在位于监控总中心内的数据采集控制工作站上，利用后台程序对前端程序的调用，即可实现远程的数据采集和系统控制。

（4）监测数据实时传输回监控总中心，在各个监测项目的控制工作站中利用开发的数据处理软件，对数据进行处理后，以各种图表、图线的方式进行显示，实现系统的监测功能。

2)结构安全预警功能

利用桥梁结构健康监测系统对结构安全进行预警的关键技术,包括桥梁基准状态的设定、监测数据误差分析和结构安全预警红线设置。在设定桥梁基准状态的基础上,通过误差分析,为桥梁的关键响应参数拟合一条预警红线;当响应超过红线时,系统将进行安全预警。

3)结构健康评估功能

结构健康评估是桥梁结构健康监测系统的核心。从健康监测系统数据分析的角度,有三个层面的评估。

(1)针对测量的实时数据,如应变、加速度和挠度等,实时监测这些数据是否超出了规定的限值;如某些指标超出限值,要分析其原因。

(2)深入的参数提取,如由加速度时程数据用模态识别软件进行模态识别分析,进而进行损伤分析;又如由动态称重系统数据用汽车荷载分析软件建立汽车荷载统计模型,用于承载能力评估。

(3)根据上述提取的有关桥梁抗力和荷载方面的数据,对桥梁承载能力进行详细分析和评估。

4)辅助管理功能

辅助管理功能在上述监测功能、预警功能和结构评估功能的基础上,系统地对桥梁的管理工作加以辅助。

(1)辅助大桥交通管理。利用 GPS 位移监测数据、风速风向数据可辅助实现在不同风速条件下的交通管理。

在桥梁当前承载能力评估结果的基础上,利用车速车载数据,可辅助实现对桥梁进行交通限速、限载或限行管理。

(2)辅助大桥养护管理。根据各种监测数据和结构健康状况评估数据,系统能为桥梁养护检查或维修加固决策的制订和实施提供科学的依据和建议,辅助管理单位进行大桥的养护管理。

4.3.5 系统运行模式

为实现高速公路养护管理体系、管理模式、管理平台三者相互适应的目标,桥梁结构健康监测系统在开发过程中将从系统结构、运行模式方面进行相应的调整和设计,系统运行模式如下。

1)数据库构建模式

桥梁结构健康监测系统的系统数据库将在监控总中心建立。

(1)在监控总中心内的数据服务器上单独建立桥梁结构健康监测系统数据库。

(2)每一座监测的桥梁在数据库中占用一张数据表,数据表的格式、内容按统一标准设计。

(3)系统数据库实时自动地完成数据存储,定期自动地完成数据备份。

(4)系统数据库设定访问权限层级,除相关数据库维护人员外,其他人员一般不得进行访问和操作。

2)数据采集、处理、管理模式

(1)数据采集模式。

①针对各类监测项目,根据其传感器类型的不同,采集设备一般可分为通用数据采集仪、振弦数据采集仪、光纤数据采集仪、动态称重仪、GPS 主机等。

②在监控总中心,根据采集设备种类的不同设置,分布设置各类控制工作站。

③各工作站利用开发的数据采集控制软件对桥梁上各采集设备进行远程控制、设置采样参数(采样频率、采样间隔、采样时间),由各采集设备实现自动数据采集。

(2)数据处理模式。

监测数据的处理按处理方式、处理内容、处理顺序的不同分为数据预处理和数据后处理。系统的数据处理功能由数据库服务器与各数据采集控制工作站共同完成。

①数据预处理。原始监测数据的预处理是由各采集仪自动完成的,各数据采集设备中的数据预处理主要包括以下几种方式:

a. 工程单位转换;

b. 剔除粗大误差;

c. 数字滤波;

d. 统计参数的计算;

e. 数据完整性检查;

f. 数据压缩。

②数据后处理。经预处理后的数据实时地传输至监控中心,在各数据采集控制工作站中通过数据处理软件进行数据后处理,由于数据后处理涉及更为复杂的处理方式,因此有时可能需要使用人机交互的数据处理方式。数据后处理主要包括以下几种方式:

a. 时域数据回放;

b. 数据的时域分析;

c. 数据的频域分析;

d. 提取特征值。

(3)数据管理模式。

数据管理是通过建立系统数据库来实现的。系统数据库建立在数据库服务器上,由数据库服务器来运行和管理整个系统数据库,采用 Oracle 数据库软件平台。系统数据库包含以下四个数据库。

①信息库:所有的系统信息、系统参数和大桥的基本信息都保存在信息库中,信息库中的数据将在服务器中永久保存,但可根据实际状况进行数据更新。

②原始数据库:存储大桥的所有原始监测数据。

③处理后数据库:存储预处理数据和后处理数据。

④结果库:大桥的所有数据后处理、数据分析、结构分析和健康评价的结果数据都在此保存。

4.4 桥梁安全预警

4.4.1 预警参数

一般来说,根据设计的监测项目,桥梁结构健康监测系统能实现以下结构安全指标的预警:

(1)桥梁位移安全预警(GPS、倾角仪、拉线位移计)。

(2)桥梁应力/应变安全预警。

(3)桥梁振动模态安全预警(地震、加速度)。

(4)桥梁风荷载预警。

(5)桥梁汽车荷载预警。

4.4.2 安全预警阈值确定

1)桥梁结构基准状态的设定

具体内容见2.5.3。

2)监测数据误差分析

监测数据误差分析利用已设定的桥梁结构基准状态的数据与系统的监测数据进行对比,识别误差来源,区分系统测试误差和结构响应差值。

(1)利用监测系统连续采集不少于3个月的桥梁结构响应数据。

(2)将监测数据与设定的桥梁结构基准状态数据进行对比,判定系统测试误差。

(3)在系统数据处理软件中进行误差修正,以识别后续监测数据中的结构响应值。

3)结构安全预警红线设置

结构安全预警红线设置是在设定桥梁结构基准状态的基础上,选取能反映结构安全的指标,按设计或规范限值设置预警红线。

设置红线需要慎重,太低会造成乱报,太高会造成漏报,这需要对桥梁结构进行精细有限元建模,利用基准数据和测试数据,通过结构参数敏感性分析,区分系统测试误差,识别出真正的结构响应与基准数据之间的差值,按照桥梁设计或规范限值,对结构安全造成影响的响应差值进行及时预警。

4.4.3 预警报送方法及等级划分

1)预警报送方法

(1)大桥安全预警系统中,在监测、数据处理等工作的基础上,其核心主要是安全评定与安全等级确定,并具有自动生成报表功能,在此基础上实现安全预警的功能。

(2)当判断出结构存在安全隐患时,系统进行预报警,报警可通过实时界面提示、报表、电子邮件和短信形式进行。安全预警评估软件需研究制订安全监测信息库与安全预警系统数据格式,以及数据的调用方式,以便稳定、可靠地通过监测得到的信息以完成安全评估。

2)结构安全等级评估

(1)桥梁安全等级分为两类,一类为各单项参数的等级状况,另一类为桥梁综合安全评估状况,主要根据各单项的安全情况,对其进行综合分析,从而得出桥梁整体结构的安全状况。

(2)对桥梁各单项参数的评估主要是利用安全预警数据库中的梁桥监测信息,以报表的形式评判桥梁的安全等级,如果桥梁的参数超出警报值,则发出不同等级的警报,各参数分为黄色警报、橙色警报和红色警报三个等级。

(3)对桥梁整体状态的评估需要综合各单项的信息,进行综合评估。将适用于梁桥的安全评估方法通过软件来实现,利用安全预警库中的梁桥检测信息,以报表的形式评判桥梁的安全等级。

3)桥梁健康状况等级划分

桥梁健康状况可划分为 4 个等级:健康状态为绿色状态,亚健康状态为黄色状态,坏的状态为橙色状态,危险状态为红色状态。

(1)如果桥梁为亚健康状态,发出黄色警报,进行维修预警,提醒管理部门加强养护工作,注意跟踪桥梁的变化,制止桥梁的恶化。

(2)如果桥梁为坏的状态,则发出橙色警报,进行限载预警,增加安全监测的频度,制订加固维修计划。

(3)如果桥梁为危险状态,则发出红色警报,进行危险预警,此时需要立即采取对策,避免恶性事故发生。

4.5　桥梁评估

桥梁结构健康监测主要应用于一些特大桥、特殊结构桥梁或一些特别重要的大中型桥梁,这些桥梁结构状况的评估如完全依照国内行业规范则无法满足评估要求。为充分利用监测数据,全方位地对监测桥梁结构状况进行评估,确保桥梁运营安全,应同时采取原始指纹法、趋势分析法、索结构安全法、养护管理评判法、承载力评估、可靠性评估和综合法。

4.5.1　原始指纹法

桥梁建成时,对桥梁进行详细的检测,得到丰富的资料,此时状态可以看成结构的初始状态(原始指纹),原始指纹可以作为以后结构的参照标准。对结构的特性进行细致的监测后,得到较为具体的结构状况,可以根据这些数据进行理论计算。在健康与安全监控系统中将测试得到的结构参数与相应的原始指纹进行比较,并参考计算的理论结果,当发现存在较大差异时,应对其进行详细分析,并判断是否存在安全的隐患。

除了竣工时的初始状态外,施工监控的技术状况也非常重要,此过程的许多参数对于桥梁的初期健康状况有着重要的意义。如果能够提供充分的施工过程信息,就能更好地得到原始指纹状态,也就能更加客观地评估运营期结构状态,能更客观地为大桥养护管理服务。另外,成桥时进行的荷载试验信息也是非常重要的,可为大桥安全状况提供重要依据。

原始指纹法可以用于长时间内可能变化的参数,以施工监控和荷载试验的数据作为参考,结合设计分析数据,对桥梁结构的几何变形、桥梁的动力指纹特性、航道桥索结构的索力及固有频率等参数进行原始指纹分析。分析时,应充分考虑各参数之间的相互影响。

4.5.2 趋势分析法

在长期监测后,可以得到一系列各类参数值,以时间为横坐标,参数为纵坐标,得到参数随时间变化的趋势图,通过此趋势图可以了解到结构的变化状况,并且在一定程度上可以预测损伤发生的可能性。

趋势分析的方法只能是在长时间、大量的数据基础上,通过数理统计、数据拟合等多种方法,了解结构的变化状态,并作出桥梁健康发展情况的估计。一般来说,可用于统计的参数有:极值、均值、方差、概率密度、应力循环次数等。但也可以统计结构变化的频率等整体性参数的变化。

如果上述参数随着时间发生了较为显著的变化,并且与理论值、经验值相差较大,则需要对此进行详细的分析,以发现问题的症结所在;在大量的数据基础上还可以外推结构的可能发展状况,以便提前做好预防维修工作,真正做到预防性养护。

趋势分析法可以针对随时间逐步发生变化的参数,例如桥梁的沉降、混凝土的耐久性状况、航道桥索结构的索力发展状况、结构的动力指纹特性等。

4.5.3 索结构安全法

索结构的安全主要从两方面来考虑:索振动监测和索力监测。通过加速度传感器监测斜拉桥索力方法简便,而且可更换性好。另外,除了监测索力外,还可以对台风等异常条件下拉索的振动状况进行监测。

考虑索的刚度以及边界条件时,同时也能较为准确地得到索的刚度。当索结构出现锈蚀或者断丝时,会导致索结构抗弯刚度的变化,也会引起索力的变化。在目前测试手段的保证下,通过振动法可以识别出索结构刚度及索力变化的影响,将该方法运用于索结构的安全监测中,可以发现损伤较为严重的索结构,及时进行索的更换。

进行测试数据分析时,考虑到索刚度的影响,可以更为准确地得到索结构的刚度及索力。而斜拉桥的索较长,可以将其边界考虑为简支情况,因此可利用式(4.5-1)与式(4.5-2)进行分析。

$$T = \frac{16f_1^2 - f_2^2}{12} 4ml^2 = \frac{81f_1^2 - f_3^2}{72} 4ml^2 = \frac{81f_2^2 - 16f_3^2}{180} 4ml^2 \tag{4.5-1}$$

$$EI = \frac{f_2^2 - 4f_1^2}{3} ml^4 \tag{4.5-2}$$

式中:T——索力;

E——弹性模量;

I——索结构横截面的惯性矩；

m——单位长度索质量；

l——有效索长；

f_1、f_2、f_3——索结构第 1、2、3 阶固有频率。

4.5.4　养护管理评判法

该方法主要应用于结构的健康状况预警，所使用的参数很多，通过对各类参数的综合评估分析出桥梁的使用状态。此方法得出的结果可直接为养护管理提供依据。对于实时监测项目较少的引桥，养护管理评估法更具有意义，而且定期巡回检测的数据也可纳入养护管理评估系统中。

4.5.5　承载力评估

依据现行《公路旧桥承载能力鉴定方法》对桥梁承载能力进行检算。

4.5.6　可靠性评估

对桥梁结构的安全可靠性评价，采用以概率理论为基础，以结构各种功能要求的极限状态为鉴定依据的可靠性鉴定方法。首先，从研究构件的承载能力、构造效用、不适应继续承载的变位和可能失效模式等方面入手，确定各构件的安全可靠性评定指标；然后，依据承载能力检算分析和承载状态调查实测评估的方法，研究确定评级原则与评级标准；最后，采用层次分析法，基于专家经验评估方法，通过调查比较分析，研究提出结构构件安全可靠性评价方法和评价程序。

可靠性评估从地基与基础、下部承重结构、支承传力结构、上部承重结构和桥面系结构五个方面进行评估分析，对各方面再细化至各部件或构件进行分析。

4.5.7　综合法

针对桥梁监测的特点，提出以桥梁监测数据为基础，结合桥梁检查、桥梁初始指纹测试结果数据的综合桥梁健康状况评估技术。

由于各测试参数间的变化有关联，因此，充分考虑不同参数的变化，综合对桥梁结构进行评估是非常必要的。

(1)在系统评估中，综合考虑索力与变形的变化趋势，判断桥梁的状况。

(2)综合考虑变形与结构固有频率间的关系(动静结合法)。

(3)综合考虑动应变与结构强度的关系，评判结构的疲劳特性以及剩余寿命。

(4)综合分析意外状况下(地震、台风、船只撞击)结构的振动、应变、变形情况，分析特殊情况对结构安全的影响。

4.6　桥梁监测设备

主要的桥梁监测设备见图 4.6-1。

a)加速度计　b)应变计　c)温度计　d)风速仪
e)GPS接收机　f)锚索计　g)拉线位移计　h)空气温湿度计
i)光纤采集仪　j)通用采集仪

图4.6-1　桥梁监测设备

第 5 章　桥涵养护配套实施细则

5.1　桥梁主要病害分类

5.1.1　上部结构病害分类

1）钢筋混凝土梁桥及预应力混凝土连续梁（板）桥常见病害

（1）跨中附近板底由下而上的竖向裂缝，横向有可能贯通，属弯曲裂缝，表明抗弯能力不够。

（2）墩顶处桥面开裂，桥下渗水，一般横向贯通，裂缝可能有一条到多条，可能由活载引起，也可能由墩台不均匀沉降引起，说明负弯矩较大，支点截面抗弯能力不足。

（3）各跨中附近板底出现纵向裂缝，原因是横向配筋不足或混凝土保护层过薄、预应力筋周围混凝土局部应力过大或是混凝土添加剂等使钢筋生锈，导致沿钢筋产生裂缝。

（4）跨中下挠，原因是施加的预应力不足或跨中钢筋混凝土板底裂缝过多过宽导致刚度降低，挠度增大。

2）预应力结构及箱形梁桥常见病害

（1）预应力结构的锚固构造开裂主要有：先张法预应力梁端锚固处附近混凝土的局部劈裂、后张法预应力锚固处的斜向裂缝、箱梁底板在连续力筋锚固齿板后面的横向裂缝。

（2）预应力梁的腹板与下翼板交界处、腹板侧面及梁的下翼缘等处纵向开裂。多次浇筑的箱梁腹板、顶板底部产生竖向或横向的收缩裂缝。

（3）T 构连续梁等主跨负弯矩区，以及箱梁悬翼板顶面的桥面开裂。

（4）大跨度连续箱梁的大吨位点式支座工作性状的不确定性或损坏，引起箱梁相关的病害。

3）拱桥常见病害

（1）石拱桥及混凝土圬工板拱桥的常见病害。

①主拱圈拱顶横向开裂。在主拱圈的拱顶处有一道贯穿拱宽的主裂缝，缝两侧有明显的高差及错位，主要由于墩台下沉所致。

在主拱圈的拱顶段出现 1～2 条贯穿桥宽的裂缝，缝两侧无明显的高差，主拱顶有轻微的下沉，主要由于墩台滑移或转动所致。

②主拱圈纵向开裂。裂缝从拱脚处开始向拱顶及向外斜向发展，主要由于墩台横向

不均匀下沉所致。若属桥台侧沉,一般还会伴随台侧墙的竖斜向开裂。

裂缝从拱顶处开始向两拱脚方向发展,主要由于同跨两墩台同侧下沉所致。

③主拱圈斜向开裂。裂缝从拱脚及墩台外侧处开始,向斜对角方向发展,主要由于对向墩台同侧横向下沉所致。

④桥面破损、拱上填料积水,引起拱上侧墙鼓胀或脱离开裂。或在车辆作用下,因拱圈受力不均匀,引起拱圈的局部损坏。

(2)双曲拱桥的常见病害。

①拱肋跨中径向开裂,多条裂缝主要分布在拱肋跨中部分,约在 $1/4L \sim 3/4L$(L 为跨径)范围内,裂缝从肋两侧面下缘向上延伸发展。主要原因是拱肋截面太薄弱,强度不足,在正弯矩作用下,导致肋下缘开裂;或由于墩台产生水平位移,使拱顶区的正弯矩加大,使肋下缘开裂。这种情况一般还会伴随主拱圈拱顶的明显下沉变形。

②拱脚处拱肋径向开裂。在拱座与拱脚交接处产生 1 ~ 2 道较宽的横向裂缝,或在拱脚区附近产生数条由肋上缘向下发展的径向裂缝。主要原因是截面强度不足,在负弯矩作用下开裂,或因墩台下沉或水平位移所致。

③拱顶处拱波顶纵向开裂。裂缝一般沿跨径方向延伸发展,裂缝宽度一般较宽。主要原因是主拱圈横向联系刚度不足,主拱肋产生移动或转动所致。一般情况下,桥越宽,拱波的矢跨比越小、横向联系越弱,这类裂缝越易产生。

④拱肋与拱波结合面的脱离开裂。裂缝一般分布在拱顶区段和拱脚区段,主要是由于墩台出现移动,肋波结合面拱顶段拉应力增大及拱脚段剪应力增大所致。

⑤主拱圈的过量变形。主要表现在拱顶下沉以及 1/4 拱处的过大上凸,使拱轴线呈“M”形。一般是由于主拱圈刚度不足;桥面铺装层增厚,恒载增大;以及墩台的下沉、移动等诸多原因所引起。一般情况下,主拱圈变形过大,会伴随着产生拱上侧墙鼓胀、开裂,腹拱结构开裂损坏,乃至主拱肋开裂等病害。

(3)其他混凝土拱式桥梁的常见病害。

①空腹式钢筋混凝土拱桥,在拱脚段的拱上立柱及拱上结构出现开裂损坏,主要是由于主拱挠度或变形过大所致。

②钢筋混凝土刚架拱桥的上弦杆及大、小节点处出现竖向或斜向裂缝,主要是由于构件配筋错误或超载所致。

③钢筋混凝土刚架拱桥的主拱肋与桥面板结合处开裂脱离,引起桥面的开裂损坏。

④钢管混凝土拱的钢管因厚度不足或节间过大造成钢管出现压缩状折皱。桥面板(平板、微弯板、肋掖板等)开裂。引起开裂的原因主要有局部承受车辆荷载强度不够,参与主拱受力后强度不够,肋片发生较大位移,板与肋连接破坏,或在施工中已开裂未予彻底处理等。

4)钢桥、钢-混凝土组合梁桥常见病害

(1)钢梁的病害及加固同一般钢结构,其常见病害为钢构件的锈蚀、脱皮、变形,连接部件的松动、焊缝裂纹等。

(2)混凝土桥面板的病害相比于一般钢筋混凝土或预应力混凝土受弯板的病害,其特殊性在于混凝土桥面板与钢梁的连接部位,该处可能会出现纵向裂缝、滑移或掀起。

5)斜拉桥常见病害

(1)拉索的非受力性病害有:拉索护套的开裂、漏水、护筒生锈、减震装置工作异常或失效。拉索锚头、垫板、锚具、锚箱的锈蚀、位移、变形,连接螺栓松动、锈蚀、断裂,锚下混凝土开裂、剥落、渗水等。

(2)拉索的受力性病害有:索力值超出正常范围,过大或过小。应检查主梁的裂缝及变形情况,查明原因,经计算分析后对主梁进行加固和调整索力,必要时应更换拉索。

6)悬索桥的常见病害

悬索桥的上部结构可分为主缆、加劲梁、吊杆、索塔、锚碇和索鞍六个部分。

(1)主缆基本上是不可更换的部分,有较大的安全储备,强度一般没有问题,应注意外层防护是否出现剥落、开裂等现象。

(2)锚碇、索鞍的锈蚀、渗水,索鞍偏移超出设计允许值等。

(3)加劲梁一般采用钢箱梁、钢桁梁、钢板梁、钢-混凝土组合梁,按其材料所属相应受力构件进行病害分析。

(4)吊杆一般采用高强钢丝组成,吊杆也有相当的安全储备,强度一般没有问题。需要特别注意吊杆上下端的索夹及连接螺栓和锚头的松动、锈蚀问题,必要时应使索夹复位或更换吊杆。

(5)索塔一般为钢筋混凝土、预应力混凝土或钢结构,主要承受塔顶索鞍传递的竖向压力及水平力,还承受自重、风力和温度影响力等,属偏心受压构件,本身的病害参考相应材料的构件。

5.1.2 桥梁下部结构常见病害

1)桥台常见病害

(1)重力式桥台常见病害。

①桥台的前墙向桥孔倾斜,两侧与侧墙连接处出现由上至下的竖向裂缝,也有可能两侧墙向外倾斜,特别是高桥台较易出现这种病害,主要是台内土压力过大。

②台帽下的前墙上产生斜裂缝,主要是活动支座失灵或支座下的台帽中未设置扩散应力的钢筋网,砌筑质量差,或台帽受到过大冲击力所致。

③台身前墙出现竖向裂缝,大致在中部,由上至下的开裂,原因一般是横向两端的下沉量比中间大,由下至上的开裂的产生原因则相反。

④台身出现大面积网裂、风化、剥落、缺损,主要原因是材料强度不高、砌筑质量不好。

(2)轻型桥台常见病害。

①柱式桥台的台帽或盖梁向桥孔前倾,台背处的伸缩装置被顶紧,或支座严重歪斜。

②桥台盖梁出现竖向裂缝,要根据裂缝发展方向、上部结构受力情况、盖梁跨度或悬臂长度、基础是否有不均匀下沉等因素,判断裂缝时由于受力引起的还是基础下沉引起的。

③柱式桥台,如果设有两侧墙挡土,作为独立的挡土墙,也会出现因土压力过大引起外倾、开裂等现象。至于侧墙或锥坡塌陷之类的病害,主要是软基或填土不实等引起的。

2)桥墩常见病害

(1)重力式桥墩常见病害。

①墩身竖向裂缝,一般是基础横向不均匀沉降引起,若裂缝由下而上,说明基础中部的沉降大于两端。

②墩身水平裂缝,对梁桥,一般是砌筑质量或混凝土浇筑质量不良引起。对于拱式桥,也有可能是相邻两跨的水平力相差过大引起。墩身的网裂,主要是砌缝砂浆不饱满或砂浆强度引起,也可能是日照温差应力或水位频繁涨落引起。

③墩帽中部出现纵向裂缝,或支座四周出现放射形裂缝,原因是墩帽尺寸不够,特别是厚度或边缘宽度不足,或墩帽水平钢筋网配置不足,混凝土强度低,在局部压应力大时引起开裂。

(2)轻型桥墩常见病害。

①桥墩盖梁的跨中出现由上到下的竖向裂缝,一般由基础横向不均匀下沉引起。如果盖梁的受拉区出现竖向开裂,说明盖梁抗弯能力不足;墩柱附件出现斜裂缝,说明梁盖抗剪能力不足。

②墩柱歪斜,一般是基础发生了水平位移,如基础受单侧软基挤压,相邻两跨上部结构的水平力严重不平衡。

③墩身出现水平裂缝,一般是墩身承受了较大弯矩所致。

④T形墩的墩帽中部上方出现竖向裂缝,或墩帽出现斜裂缝,主要是墩帽悬臂过长,或预应力施加不足,造成抗弯、抗剪能力不够所致。

⑤墩身出现竖向裂缝并伴有沿缝破碎现象,一般是主钢筋生锈所致。

3)基础常见病害

(1)扩大式基础常见病害。

①基础产生滑动、倾斜或沉降过大,主要原因是地基不稳定、摩擦力小、承载力不够而引起的不均匀沉降,其他原因有桥台前河床浚挖或台后填土水平压力过大;

②基础下被水冲刷而淘空,严重时发生倾斜,或使基础受力不均,引起基础横向、竖向开裂或局部塌陷等,主要原因是基础埋置深度不够,或不适用浅基础的情况下采用了浅基础。

(2)桩基础常见病害。

①桩基下沉过大,这在摩擦桩中较易出现,主要是桩侧摩阻力小、承载力不足引起的,但往往桩也出现下沉过大的现象,这主要是施工造成的。

②桩基倾斜,主要是软土地基中桩侧土体在其他因素影响下出现不平衡压力而产生塑性流动,向一侧推挤桩基而造成的,或是高桩承台受外力撞击所致。

③其他施工期间易发生的缺陷,如:打桩时桩身受损,灌注混凝土时发生塌孔未做处理等。

(3)沉井基础。

①基础下沉过大,往往是持力层承载力较低,沉降过大引起。

②基础下沉不均,或桥台后高填土受地基土侧流动压力,引起滑移或倾斜。

5.2　桥涵养护

5.2.1　桥梁日常养护

1)桥面系的日常养护

(1)桥面铺装及防水层养护与维修应符合下列规定:

①桥面应经常清扫,排除积水,清除泥土、杂物、积雪和冰凌等,保持桥面平整、清洁。

②沥青混凝土桥面出现泛油、拥包、裂缝、波浪、坑槽、车辙等病害时,应及时处治。根据损坏程度,局部修补或整跨铣刨重新铺设铺装层,并应满足现行《公路沥青路面养护技术规范》(JTG 5142)的相关技术要求。

③水泥混凝土桥面出现断缝、拱胀、错台、起皮、露骨等病害时,应及时处理。根据损坏程度,将原铺装整块或整跨凿除,重铺新的铺装层,并应满足现行《公路水泥混凝土路面养护技术规范》(JTJ 073.1)的相关技术要求。局部修补时严禁使用普通配比混凝土替代防水混凝土。

④桥面铺装养护维修及改造,拟改造的桥面铺装厚度大于原桥铺装层厚度时,应经过技术论证或检算。沥青混凝土微表处或罩面养护时,不得覆盖伸缩装置。

⑤桥面防水层损坏,应及时修复。

(2)排水系统应满足排水需要,保持完好和畅通,有损坏时应及时维修或更换,有堵塞时应及时疏通。

(3)人行道、栏杆、护栏养护与维修应符合下列规定:

①人行道、栏杆、护栏各构件等应牢固并保持完好状态,有损坏时应及时维修或更换。

②伸缩装置处的栏杆或护栏应满足结构的变形需要。

③钢护栏及钢筋混凝土护栏上的外露钢构件应根据环境条件定期涂装。

④桥梁两端的栏杆柱或防撞墙端面,涂有立面标记或警示标志的,应保持标记、标志鲜明。

(4)桥梁照明养护与维修应符合下列规定:

①桥上灯柱等设备应保持完好,照明设备锚固支撑应牢固可靠,有缺损时应及时维修。

②灯具或供电系统老化、损坏应及时更换或维修。

③应确保照明设施电线不外露,接线盒处于良好工作状态。

④增设照明设施宜置于桥梁内侧,不得影响桥梁养护维修及行车安全。

(5)伸缩装置养护与维修应符合下列规定:

①伸缩装置的养护,应满足下列规定:

a. 伸缩装置应平整、直顺、无漏水,处于良好的工作状态。

b. 应经常清除伸缩装置的缝内积土、垃圾等杂物,使其发挥正常作用。

c. 伸缩装置的密封橡胶带(止水带)损坏后,应及时更换。密封橡胶带的选择,应满足其规格和性能要求。

d. 钢板(梳齿型)伸缩装置的钢板开焊时,应及时补焊;螺栓松动、脱落时,应及时维修。

②伸缩装置出现下列病害时,应及时进行更换:

a. U形锌铁皮伸缩装置的锌铁皮老化、开裂、断裂。

b. 钢板伸缩装置的钢板变形、翘曲、脱落。

c. 橡胶条伸缩装置的橡胶条老化、脱落,固定角钢变形、松动。

d. 板式橡胶伸缩装置的橡胶板老化、开裂,预埋螺栓松脱,伸缩失效。

e. 伸缩装置的弹性元件或其他连接构件疲劳或失效,影响伸缩装置正常使用。

f. 更换伸缩装置时宜选择技术先进合理的伸缩装置,伸缩量应满足桥跨结构变形需要,安装应牢固、平整、不漏水。

g. 伸缩装置锚固区混凝土应完好,有开裂、松散时应及时修复。

h. 维修或更换伸缩装置时,应实施交通管制。在锚固区混凝土强度未达到设计要求时,不得开放交通。

(6)标志、标线和交通安全设施养护与维修应符合下列规定:

①桥梁交通标志、标线和安全设施应齐全、醒目、牢固,标志板应整洁、完好,有损坏时应及时维修更换。

②交通标线应经常保持完好、清晰,宜定期重涂。

③桥梁的防眩板应保持齐全、牢固,有损坏时应及时维修更换。

④桥梁的防护隔离设施应完整、牢固,有损坏时应及时维修。

2)钢筋混凝土梁桥上部结构养护与维修

(1)钢筋混凝土梁桥上部结构养护与维修应符合下列规定:

①应保持结构完好、无缺损。

②梁(板)开裂时,应视裂缝性质和影响程度,及时采取相应处治措施。

③梁(板)存在表观缺陷时,应予维修。

④箱梁或空心板内应保持干燥、无积水。

⑤箱梁内应保持通风良好。

⑥梁体受水侵蚀时,应采取必要的截水措施。

⑦装配式组合梁(板)桥,纵、横向联系出现开裂、开焊、破损等病害时,应及时修复。

⑧主梁持续下挠或挠度超过设计规定的允许值时,应进行特殊检查评估并及时加固处治。

⑨混凝土梁发生纵、横向异常变位,支点位置发生异常角变位或过大沉降时,应及时处治。

⑩混凝土梁受到车辆或船舶等撞击后,应根据检测评估结果及时处治。

(2)预应力混凝土梁桥养护与维修除应满足现行《公路桥涵养护规范》(JTG 5120)的要求外,尚应符合下列规定:

①预应力体系各组成部分应保持完好、有效。

②全预应力及部分预应力 A 类构件出现结构性裂缝时，应及时维修加固。

③预应力混凝土锚固区存在破损、开裂、剥落、封锚不严、锚具暴露等缺陷时，应及时维修加固。

④发现预应力钢束存在严重锈蚀等缺陷时，应及时处治。

⑤体外预应力钢束存在表面防护严重破损、锈蚀、断丝，夹片破损、失效时，应及时维修或更换；锚固块、转向块与梁体结合区域出现超限的结构裂缝时，应及时加固处治。

⑥预制节段拼装的预应力混凝土梁桥，拼接缝部位出现接触不紧密、拼接材料老化等病害时，应及时维修加固。

3）拱桥上部结构的养护与维修

（1）圬工拱桥养护与维修应符合下列规定：

①圬工结构应保持表面整洁、完整，无杂草。

②圬工结构出现空洞、孔洞或砌块断裂、压碎、松动、脱落等病害时，应及时维修或加固。

③砌筑砂浆脱落、不饱满导致主拱圈整体性差时，应及时修复。

④圬工结构发生异常变形或出现结构裂缝时，应进行特殊检查评估并及时处治。

（2）混凝土拱桥养护与维修应符合下列规定：

①拱圈应保持结构完好、无缺损。存在表观缺陷时，应予维修。

②箱形拱拱圈应保持通气孔、排（进）水孔畅通。

③主拱圈开裂，应视裂缝性质和影响程度，及时采取相应处治措施。

④肋拱、双曲拱、桁架拱、刚架拱的肋间横向联系出现开裂、破损病害时，应及时修复。

⑤双曲拱桥拱波的纵向开裂、渗水等缺陷应及时修复。

⑥桁架拱、刚架拱、系杆拱因节点强度不足引起节点及杆件端部开裂时，应及时加固处治。

⑦预制拼装拱桥的铰缝、横向接缝存在开裂、破损等缺陷时，应予修复。

⑧主拱圈变形异常或拱顶下挠严重时，应进行特殊检查评估并及时加固处治。

⑨中、下承式拱桥吊杆（索）的养护与维修应按吊索相关内容执行。

⑩系杆拱桥的混凝土系杆出现裂缝时，应及时维修处治。系杆的锚固区存在破损、开裂、剥落、封锚不严、锚具暴露等缺陷时，应及时维修加固。

（3）拱上建筑的养护与维修应符合下列规定：

①拱式腹拱的拱铰及变形缝应保持工作正常，有杂物时应予以清除。

②腹拱、侧墙出现开裂、破损、错位、倾斜或外移等病害时，应及时修复。

③拱上填料应密实、无沉陷，有沉陷时应及时处治；拱背防排水系统应保持畅通。

④梁式拱上结构的养护维修，应按本规范相关内容执行。立柱、立墙的养护与维修，应按本规范相关内容执行。

⑤双曲拱桥拱波、刚架拱桥微弯板等存在露筋、开裂及塌陷等病害时，应及时修复。

（4）钢拱桥养护与维修参见本章相关内容，其中钢构件的养护与维修应按相关规范内容执行。

(5)钢管混凝土拱桥、钢-混凝土组合结构拱桥养护与维修应符合下列规定:

①拱肋、吊杆和锚头应保持清洁,宜定期对拱肋表面涂装进行修复。

②应及时排出锚头防护罩内积水和拱座处积水,并保持清洁干燥。

③吊杆应加强横向冲击防护,并注意防水、防锈,发现油脂渗漏时,应补注防锈油脂,修复渗漏部位。

④钢管混凝土结构存在管内混凝土脱空时,应予处治。

⑤拱脚外包混凝土出现开裂时,应及时维修加固。

4)钢结构的养护与维修

钢结构的养护与维修应符合下列规定:

(1)钢结构外观应保持清洁,并保持泄水孔或排水槽通畅。

(2)钢结构应定期进行涂装防锈。油漆失效区域应及时除锈补漆。钢结构杆件在维修后,应及时涂漆防锈。

(3)构件连接螺栓有松动、缺失时,应及时拧紧、补充,对高强螺栓,必须施加设计的预加力。

(4)钢构件出现裂纹或异常变形时,应进行特殊检查评估并及时加固处治。

(5)应及时更换松动和损坏的铆钉。更换过的铆钉在检验之后,均应涂上与桥梁结构显著不同的颜色,并记录其数量和位置。

(6)焊接连接的构件,焊缝处发现裂纹、气孔、未熔合、夹渣、未填满、弧坑等缺陷时,应进行返修焊,焊后的焊缝应打磨匀顺。

(7)钢板梁由于穿孔或破裂削弱断面时,可补贴钢板或用钢夹板夹紧处理。钢板受到较短和较深的创伤时,宜用电焊填补。

(8)钢桁梁可采用增补钢板、角钢或槽钢等方法进行维修。连接方式可采用栓接或焊接。

(9)连接杆件有损坏或强度不足时,应及时维修或更换。

5)斜拉桥上部结构的养护与维修

斜拉索的养护与维修应符合下列规定:

(1)应保持索体表面清洁,及时清除附着物。

(2)拉索锚具及护筒内应保持清洁、干燥。锚头漏水、渗水时,应及时将水排出并予以修复。

(3)定期更换拉索两端锚具锚杯内的防护油。

(4)定期更换钢护筒与套管连接处的防水垫圈及阻尼垫圈。

(5)定期对拉索两端钢护筒做涂漆、防锈处理。发现钢护筒开裂、渗水、漏水时,应及时处治。

(6)锚固系统的钢构件出现锈蚀时,应及时除锈和做防腐处理。

(7)斜拉索护套出现大量表层裂缝或破损严重时,应及时修补。

(8)斜拉索钢丝锈蚀后,应进行特殊检查评估并及时维修或更换。

(9)锚具或其连接螺栓、锚拉板等构件存在开裂、变形时,应进行特殊检查评估并及时维修加固。

6)悬索桥上部结构的养护与维修

主缆的养护与维修应符合下列规定:

(1)保持主缆清洁,及时清除其表面的积冰、尘土和油污。

(2)主缆防护层有开裂、剥落时,应尽快修复。

(3)主缆内部应保持干燥状态,存在积水、渗水时应及时将水排出,通过特殊检查后及时采取处治措施,必要时应检查主缆钢丝是否锈蚀,并及时处治。

(4)应防止主缆索股的锚头、锚杆、裸露索股、分索器、散索鞍等处发生锈蚀。发现涂装剥落、锈蚀应及时处治。应及时清除表面尘垢、积水,定期涂刷防腐涂装、更换防腐油脂。

(5)主缆采用涂敷油脂防锈并用简易包裹做防护层时,应定期更换油脂及防护层,保持其完好状态。

(6)缠丝的漆膜有损坏(开裂、碎片等)或分层剥落时,应重新涂装。

(7)缠丝断裂散开时,应先观察主缆是否锈蚀,待除锈后重新缠丝、油漆,保证主缆防护层完好。

(8)主缆存在锈蚀或断丝时,应对主缆进行特殊检查,根据腐蚀和断丝情况,研究确定采用局部重新缠丝或更换。

(9)对于裂纹扩展至50%直径以上,或腐坑已削弱截面50%以上的主缆钢丝,应考虑更换。

(10)主缆断丝较多时,应经过详细计算后采取降低荷载等级或加固、更换主缆等措施,保证结构的安全性。

(11)主缆线形应满足设计要求,各索股的受力应保持均匀。经检查个别索股受力出现明显偏差、松弛或过紧时,应进行调整。

(12)主缆存在线形变化时,应研究、分析原因,可考虑对主缆线形进行适当调整。

7)桥梁下部结构的养护与维修

(1)桥梁墩台的养护与维修应符合下列规定:

①应保持墩台表面清洁,及时清除墩台表面的青苔、杂草、灌木和污物。

②混凝土墩台表面存在侵蚀剥落、蜂窝、麻面、露筋及钢筋锈蚀等缺陷时,应及时修复。

③墩台开裂时,应根据裂缝性质和影响程度,及时采取相应处治措施。

④圬工砌体的砌缝脱落时,应重新勾缝;圬工砌体严重风化、鼓凸或损坏时,应及时维修或加固。

⑤墩台抗震设施损坏时,应及时修复或改造。

⑥桥梁墩台发生异常变位时,应进行特殊检查评估并及时加固处治。

(2)锥(护)坡及翼(耳)墙的养护与维修应符合下列规定:

①锥坡应保持完好。锥坡开裂、沉陷,受洪水冲空时,应及时维修加固。

②翼(耳)墙出现下沉、开裂等损伤时,应及时维修加固。

(3)基础、锚碇的养护与维修应符合下列规定:

①桩基础存在颈缩、露筋、钢筋锈蚀等缺陷时,必须及时维修加固。

②基础出现下列病害时,应及时维修加固。

a. 基础产生结构性裂缝;

b. 出现超过允许值的沉降;

c. 基础病害致使墩台滑移、倾斜;

d. 基础出现大的缺损,使其承载力不足。

③基础冲刷过深或基底局部淘空时,应及时采取必要的防护措施。

④桥下河床铺砌出现局部损坏时,应及时维修。

⑤高寒地区的桩基础发生浅桩冻拔、深桩环状冻裂时,应予处治。

8)支座的养护与维修

(1)应保持支座各组件完整、清洁、有效,防止积水、积雪和结冰,并及时清除支座周围的垃圾,保证支座正常工作。

(2)滚动支座滚动面上每年应涂一层润滑油。在涂油之前,应先清洁滚动面。

(3)钢支座应除锈防腐。除铰轴和滚动面外,其余部分均应涂漆防锈。

(4)支座的锚栓应连接紧固,支承垫板应平整紧密。

(5)养护维修时,应防止橡胶支座与油脂接触,焊接时应对支座进行保护。

(6)板式橡胶支座局部脱空、偏压时,应予处治。

(7)高阻尼橡胶支座等减隔震类支座连接构件失效时,应予处治。

(8)垫石破损等病害,应予处治。

9)桥梁附属设施的养护与维修

(1)防撞、导航、警示标志等附属设施应保持醒目、完好。

(2)防雷设施的养护与维修应符合下列规定:

①桥梁避雷装置应保持完好。避雷针接地线附近严禁堆放物品和修建设施。严禁挖掘地线的覆土,并应采取防冲刷措施。

②在雷雨季节前,应对避雷针和引下线及地线进行检查。发现缺损必须及时修理。

(3)防抛网的养护与维修应符合下列规定:

①防抛网应清洁、完整、有效,有缺损应及时维修。

②应经常检查桥梁防抛网的锚固部位,及时修复锚固区缺陷。对存在安全隐患的防抛网应及时更换。

(4)声屏障的养护与维修应符合下列规定:

①声屏障应保持整洁完好、安装牢固,并不得影响桥梁结构安全。

②应经常检查声屏障的锚固位置,及时修复锚固区缺陷。

(5)检修设施的养护与维修应符合下列规定:

①检修道应保持牢固、完好。

②主梁、主缆、拱圈、桥塔、墩台等检修通道的扶手、栏杆、爬梯、平台、盖板、承重件等

钢构件有锈蚀时,应及时除锈并涂刷防锈漆;锚固件有松动时,应及时紧固;撑杆等杆件有弯曲扭转时,应予以校正或更换。

(6)桥梁监测系统及其他附属设施,应保持完好,运行正常,桥梁永久观测点应保持完好。

10)调治构造物的养护与维修

(1)导流堤、丁坝、顺坝、格坝和透水坝等调治构造物应保持完好,出现基础淘空、塌陷或其他损毁时应及时修复。

(2)汛期应及时清除调治构造物周边的漂流物。

(3)发现调治构造物的位置不当,数量、长度不合理等,不能发挥正常作用时,应予改造。

(4)因河道变迁、流向不稳定,或因桥梁上下游河道弯曲形成斜流、涡流,危及桥梁墩台、基础、桥头引道时,应因地制宜地增设调治构造物。

5.2.2 涵洞日常养护

(1)应保持洞口清洁无杂物,洞内排水畅通,发现淤塞或积雪、积冰应及时疏通和清除。

(2)涵底铺砌、洞口上下游路基护坡、引水沟、汇水槽、沉砂井等发生变形或出现破损时,应及时修理或封塞填平。

(3)对在进水口设置沉砂井和出水口为跌水构造的涵洞,应适时检查其是否损坏、与洞口是否结合成整体。有损坏或发现裂隙甚至脱离时,应及时修复,使水流畅通。

(4)沉降缝或连续缝止水带应保持完好,有破损时应及时更换。

(5)洞内排水明沟每周应清扫一次,排水暗沟每季度应疏通一次。

(6)采用机械排水的涵洞,应保持排水泵、阀、排水管道及其他设备功能完好、运转正常,并作定期检修。

(7)设有照明设施的涵洞,应保持照明设备处于完好状态,照明灯具和输电线路有损坏时应及时更换、维修。

(8)通行车辆的涵洞应设置明显的限高标志并保持完好。涵洞端面应涂设立面标记,并保持颜色鲜明,定期涂刷。

(9)波纹管防护涂层剥落、波纹管锈蚀应及时维修。

5.3 桥梁维修加固

5.3.1 桥面系、各类桥梁的维修与加固

1)桥面系的维修

(1)桥面铺装。

①沥青混合料桥面出现泛油、拥包、裂缝、波浪、坑槽、车辙等病害,损坏面积较大时,

可将整跨铺装层凿除,重铺新的铺装层。一般不应在原桥面上直接加铺,以免增加桥梁恒载。

②水泥混凝土桥面出现断缝、拱胀、错台、起皮、露骨等病害,损坏面积较大时,应将原铺装整块或整跨凿除,重铺新的铺装层。

③桥面防水层如有损坏,应及时修复。

(2)排水系统:桥梁上设置的封闭式排水系统,排水系统的设备(如水泵等)应能正常工作,如有损坏则应及时更换。

(3)伸缩装置。

①伸缩装置出现下列病害时,应及时进行更换:U 形锌铁皮伸缩装置的锌铁皮老化、开裂、断裂;钢板伸缩装置或锯齿钢板伸缩装置的钢板变形,螺栓脱落,伸缩不能正常进行;橡胶条伸缩装置的橡胶条老化脱落,固定角钢变形、松动;板式橡胶伸缩装置的橡胶板老化开裂,预埋螺栓松脱,伸缩失效。

②更换的伸缩装置应选型合理,伸缩量应满足桥跨结构变形需要,安装应牢固、平整、不漏水。

③维修或更换伸缩装置时,应采取措施维持交通。

(4)桥头搭板脱空、断裂或枕梁下沉引起桥路连接不顺适,出现桥头跳车时,应进行维修处理。

(5)标志、标线和交通安全设施。

①桥上的防眩板若有损坏应及时整修。

②桥上的防护隔离设施应完整、牢固,若有损坏应及时修理。

③桥上设置的航空灯、航道灯及供电线路、通信线路,如有损坏应立即修复。避雷设备要经常保持完好,接地电阻要符合要求。

(6)用于桥梁观测的标点、传感器、接线等,如有损坏或故障应及时维修。

2)钢筋混凝土梁桥的维修与加固

(1)维修。

①钢筋混凝土桥梁维修内容:修补混凝土空洞、破损、剥落、表面风化以及裂缝;清除暴露钢筋的锈渍、恢复保护层;处理各种横、纵向构件的开裂、开焊和锈蚀。

②钢筋混凝土梁桥常见病害及采用的处理方法:

a. 对梁(板)体混凝土的空洞、蜂窝、麻面、表面风化、剥落等,应将松散部分清除,再用高强度等级混凝土、水泥砂浆或其他材料进行修补。新补的混凝土要密实,与原结构结合牢固、表面平整。新补的混凝土应实行养生。

b. 梁体若发现露筋或保护层剥落,应先将松动的保护层凿去,并清除钢筋锈迹,然后修复保护层。如损坏面积不大可用环氧砂浆修补,如损坏面积过大可用喷射高强度水泥砂浆的方法修补。

c. 梁体的横、纵向联结件开裂、断裂、开焊,可采取更换、补焊、帮焊等措施修补。

d. 钢筋混凝土梁桥的裂缝处理:当裂缝的宽度大于限值及裂缝分布超出正常范围时,应作处理。

当裂缝宽度在限制范围内时,可进行封闭处理,一般涂刷环氧树脂胶。

当裂缝宽度大于限值规定时,应采用压力灌浆法灌注环氧树脂胶或其他灌缝材料。

当裂缝发展严重时,应加强观测,查明原因,按照有关规定进行加固处理。

③空气、雨水、河流水中含有对混凝土和钢筋有侵蚀的化学成分时,应对桥梁结构进行防护。

④钢筋混凝土构件的修补:

a. 在昼夜平均气温低于 5℃ 的冬季维修桥梁时,对修补的混凝土构件应采取保温措施,保证混凝土的凝固硬化。

b. 用于修补加固的混凝土、钢材,其强度和其他质量指标应不低于原桥材料。修补用的混凝土强度等级应比原强度等级提高一级,在 pH 值小于 5.6 的地区,所用水泥应根据环境特点采用耐酸的硅酸盐水泥、抗铝硅酸盐水泥等。

c. 受拉区修补用的混凝土宜用环氧树脂配制,受压区修补用的混凝土可用膨胀水泥配制。用水泥混凝土或砂浆修补的构件应加强养生,有条件时宜用蒸汽养生或封闭养生。

(2)加固方法及适用范围。

梁体加固可以采用以下方法:

①浇筑钢筋混凝土加大截面加固法。用于加强构件,应注意在加大截面时自重也相应增加了。

②增加钢筋加固法。用于加强构件,常与方法①共同使用。

③粘贴钢板加固法。是普遍采用的方法,钢板与原结构应可靠连接,并作防锈处理。

④粘贴碳纤维、特种玻璃纤维加固法。主要用于提高构件抗弯承载力。使用此法加固几乎不增加原结构自重。

⑤预应力加固法。对于提高构件强度、控制裂缝和变形的作用较好。

⑥改变梁体截面形式加固法。一般是将开口的 T 形截面或 TT 形截面转换成箱型截面。

⑦增加横隔板加固法。用于无中横隔或少中横隔梁的加固,可增加桥梁整体刚度、调整荷载横向分配。

⑧在桥下净空和墩台基础受力许可的条件下,采用在梁底下加八字支撑加固法。

⑨桥梁结构由简支变连续加固法。

⑩当支座设置不当造成梁体受力恶化时,可采用调整支座高程的加固方法。

⑪更换主梁加固法。

⑫其他可靠有效的加固法。

3)预应力混凝土梁桥的维修与加固

(1)维修。

①预应力混凝土梁桥维修范围及内容同钢筋混凝土梁桥,此外应对预应力锚固区的破损及开裂、沿预应力钢束纵向的开裂进行修补。

②预应力混凝土梁桥常见病害:

a. 混凝土表面剥落、渗水,梁角破碎、露筋,钢筋锈蚀、局部破损等。

b. 预应力钢束应力损失造成的病害。

c. 预应力混凝土梁桥出现裂缝。全预应力及部分预应力 A 类构件正常使用条件下不允许出现裂缝,只有 B 类构件允许出现裂缝。裂缝的类型除了同于钢筋混凝土梁桥外,还有沿预应力钢束的纵向裂缝,锚固区局部承压的劈裂缝。

③常见病害维修同钢筋混凝土梁桥。对于不允许出现裂缝的桥梁,不论裂缝宽窄,都应查明原因进行处理或加固。

(2)预应力混凝土梁桥加固方法。

①预应力混凝土梁桥的一般加固方法及适用范围参见钢筋混凝土梁桥。

②因为预应力部分失效而进行加固时,若原结构有预留孔,可在预留孔内穿钢束进行张拉;采用无黏结钢束的,可对原钢束重新张拉;或增设齿板,可增加体外束进行张拉。

③腹板抗剪切强度不够时,可采用加竖向预应力加固。

4)拱桥的维修与加固

(1)维修。

①经常清除表面污垢及圬工因渗水而在表面附着的游离物。

②拱桥桥面漏水应及时修补,空腹拱的主拱圈若发现渗水,应对拱背进行清理,清除可能积水的残渣、堆积物等,并用砂浆等材料抹平或堵塞裂缝。实腹拱若发现主拱圈渗水,应检查拱腔排水系统,必要时可挖开拱上填料,修补防水层,修理排水管道。

③主拱及拱式腹拱的拱铰及变形缝应保持正常工作状态,填缝材料如油毛毡、浸渍沥青的木板等,如有损坏应及时更换。

④构件表面缺陷及局部损坏的修补,主要有以下几类:

a. 圬工砌体的边角压碎、砌块断裂,干砌石拱桥砌缝张口等,可用水泥砂浆修补。若个别块体压碎或脱落,应用新的块体填塞更换,更换时应保证嵌挤或填塞紧密。砌缝砂浆若发生脱离,应凿除后重新用干硬性砂浆或微膨胀砂浆填筑,表面重新勾缝。

b. 钢筋混凝土拱构件的表面缺损与裂缝修补同钢筋混凝土梁桥有关部分。

c. 钢管混凝土拱钢构件表面的防锈涂层应保持完好,并定期重涂,养护工作参照钢桥有关部分。

d. 实腹拱的侧墙若发生较大变形、开裂,应查明原因并作相应处理。若是填料不实,或拱腔积水,应挖开拱上填料,修补防排水系统,拆除鼓凸部分侧墙后重新砌筑,重新回填拱上填料及重做路面,也可酌情换用轻质填料或加大侧墙尺寸。

e. 若发现侧墙与拱圈之间脱开,或侧墙上有斜向(若是砌体通常沿砌缝成锯齿状)开裂,应检查墩台与主拱的变形。开裂轻微且不再发展的,可作一般修补裂缝处理。若开裂严重或裂缝在发展中,应考虑加固、改造方案。

⑤中、下承式拱桥的吊杆维修参见斜拉桥的拉索维修部分。

⑥系杆拱桥的系杆混凝土裂缝应用环氧砂浆等材料进行处理。系杆的支承点如下沉要及时调整。

(2)加固方法及适用范围。

①主拱圈强度不足时,可加大拱圈截面。

②从拱腹面加固时,可采用下列方法:粘贴钢板;浇筑钢筋混凝土加大拱肋截面;布设

钢筋网用喷射混凝土或水泥砂浆加大拱圈截面；在拱肋间加底板，变双曲拱截面为箱形截面。条件许可时，也可在腹面做衬拱及相应的下部结构。

③拱肋、拱上立柱、纵横梁、桁架拱、刚架拱的杆件损坏可用粘钢或复合纤维片材加固。粘钢时可粘贴钢板，也可在四角处粘贴角钢。

④用粘钢或复合纤维片材加固桁架拱、刚架拱及拱上框架的节点。

⑤用嵌入剪力键的方法加固拱圈的环向连接。剪力键一般采用钢板或铸件，按一定间隔布置，其间的裂缝用环氧砂浆等处理。

⑥用加大截面的方法加强拱肋之间的横向连接。采用横拉杆的双曲拱，可把拉杆改为系梁。

⑦更换锈蚀、断丝或滑丝的吊杆。若原构造许可，可用收紧锚头的方法张拉松弛的系杆或吊杆来调整内力。

⑧在钢管混凝土拱肋拱脚区段或其他构件的外面包裹钢筋混凝土。

⑨改变结构体系以改善结构受力，如在桥下通航许可的前提下加设拉杆。

⑩更换拱上建筑，减轻自重，更换实腹拱的拱上填料为轻质填料。

⑪用更换桥面板、增加桥面铺装的钢筋网、加厚桥面铺装、换用钢纤维混凝土等方法维修加固桥面。

⑫因墩、台变位引起拱圈开裂时，应先维修加固墩台，然后修补拱圈。

⑬加固拱桥时，应注意恒载变化对拱压力线的影响及引起的推力变化，对各施工工序进行检算，并作出详细的施工组织设计，严格按照设计的工序施工。

(3)拱桥的拆除。

①拱桥拆除应进行拆除方案设计。对于大、中拱桥及多孔拱桥应对拆除的各工序进行检算，并有详细的施工组织设计。一般拆除顺序按加载倒装考虑。多孔拱桥应根据实际情况考虑连拱作用的不利影响。

②拆除时实行现场管制，禁止人员进入拆除爆破的影响范围内。

5)钢桥的维修与加固

(1)维修。

①焊接连接的构件，焊缝处若发现裂纹、未融合、夹渣、未填满、弧坑等缺陷时，应进行返修焊，焊后的焊缝应随即铲磨匀顺。

②钢杆件受到冲击造成局部弯曲时，可用撬棍、弓形螺旋顶或油压千斤顶进行冷矫，禁止用锻钢烧材的方法来矫正。

钢杆件如有不同方向的弯曲，应对导致弯曲的原因作调查分析以确定矫正方法，矫正时按不同的弯曲方向分别进行。如杆件同时有扭转和弯曲的，矫正后应进行加固处理。如需拆卸杆件修理时，可安装临时杆件替代被拆卸杆件，以保证行车安全。

③钢梁木桥面板的保养，可抽换破损桥面板，加铺轨道板或加设辅助横梁(木梁或钢梁)，经计算允许增加恒载时，可把木桥面改为钢筋混凝土桥面。

(2)油漆防锈。

对整座钢桥，应视油漆失效情况，定期进行涂装防锈；部分油漆失效时，应及时除锈补

漆。钢桥杆件的油漆,应符合下列要求:

①在涂漆之前,对铁锈、旧漆、污垢、尘土和油水等,均应仔细清除。对所有易锈蚀的部位,如凹处、缝隙、纵横梁及主桁架的弦杆等,尤应仔细清理。

②除锈应做到点锈不留、除锈彻底、打磨匀亮、揩擦干净。可采用在浓度10%的无机酸中加入0.2% ~0.4%的面粉、树胶或煤焦油等缓蚀剂来清洗锈蚀,也可采用喷砂除锈法或其他更有效的除锈方法。

③油漆层数一般为底、面漆各两层。对于易遭受损坏或工作条件困难的部位应多涂一层面漆。在第一层底漆干燥后,应对裂缝、不平整处和局部凹痕的部位用油性腻子腻塞,并对腻封质量进行检查,发现缺陷应予消除。

④钢桥油漆工作应在天气干燥和温暖季节(不低于+5℃)进行。油漆时的气温应与被漆钢构件表面温度相近。在风沙天气、雾天、雨天不应进行油漆,对表面潮湿的钢构件也不应进行油漆。

⑤钢桥的防腐可采用镀锌、铝等阳极防腐的金属涂层。金属涂层的制作工艺有喷涂、热镀、电镀、电泳、渗镀、包覆等方法。关键部位及维修困难的部位,可采取在喷、镀金属层上再涂防腐涂料的复合面层或涂玻璃鳞片涂料等防护措施。

(3)钢桥的杆件加固法。

①钢板梁由于穿孔或破裂削弱断面时,可补贴钢板或用钢夹板夹紧并铆接来加固,这时钢板的边缘应挫平,使之结合紧密。如钢板受到了较短和较深的创伤,宜用电焊填补。

②采用增设水平加劲肋、竖向加劲肋的方法加固钢板梁。

③钢桁梁加固一般用补加新钢板、角钢或槽钢来加大杆件截面。加固可用栓接、铆接或焊接。

④加设加劲杆件,或增强各杆件间的联系。

⑤在结合处用贴板拼接,加设短角钢加强桁架杆件与节点板的连接。

⑥如桥梁下挠显著增加,销子与销孔有损坏或上下弦强度不足,应停止交通进行检查修理或更换。

⑦钢结构杆件在修理加固之后,应涂漆防锈。

(4)恢复和提高整桥承载力的加固方法及适用范围。

①增设补充钢梁,可装在原有各梁之间,也可以紧靠在原有各梁的旁边。

②用加劲梁装在原主梁的下缘或下弦杆上。加劲梁加固方法适用于不通航的桥孔或桥下净空足够的小型桥梁。

③用体外预应力加固,预应力施加在下挠后的下弦杆截面上。预应力加固法对桥下净空的影响较小,施工方便,但预应力钢索的防锈工作较困难。

④用拱式桁架结构装在原主梁的上面,拱脚和原主梁固接或铰接,适宜于下部结构能承受所增加恒载的通航桥孔的加固。

⑤用悬索结构加在原主梁上面,可使被加孔的恒载转移到悬索上,以改善结构的变形。这种方法可在桥梁运营状态下进行,适用于下部结构能承受所增加恒载的通航桥孔的加固。

⑥在不影响排洪和通航的情况下，可在桥孔中间加建桥墩，缩短跨径，减小桁梁杆件的内力。为了承受新增支点处的剪应力，在新桥墩墩顶处的上部结构中，应加置竖杆及必要的斜杆。

⑦对于多孔简支桁架，分联将其转变为连续桁架，可采用体外预应力加固方法，使被连接的主桁上弦杆在墩顶处得以补强。

6）钢-混凝土组合梁桥的维修维与加固

（1）维修。

钢-混凝土组合梁桥的维修参见钢筋混凝土桥和钢桥的有关部分。应注意对其结合部位的维修，防止桥面水渗漏造成钢构件锈蚀及钢和混凝土之间的联结失效。

（2）加固方法及适用范围。

①钢-混凝土组合梁桥的钢结构部分加固，可采用钢桥的加固方法。

②钢筋混凝土桥面板可按下列方法加固：

a. 若钢筋混凝土桥面板小范围开裂，将开裂部分及周围一个板厚范围内的混凝土凿除，用高强度等级微胀混凝土填补。

b. 钢筋混凝土桥面板大面积开裂，可参照原桥的施工工艺采用更换预制板或重新浇筑混凝土板的方法。

c. 采用更换预制桥面板的方法，应在拆除旧桥面板4～6个月前将预制板预制完成。宜对预制板施加临时预压应力，待接缝混凝土浇筑完毕后，再释放临时预压应力。

d. 采用重新浇筑混凝土桥面板的方法，应在拆除旧桥面后，使钢梁产生反拱，再浇筑混凝土。在混凝土的浇筑过程中，应设置强度足够的临时支架，以减小浇筑过程中恒载对结构产生的不利影响。

e. 在钢梁顶面增设剪力键，加强桥面板与钢梁的整体性，这种方法可与以上方法联合使用。

7）斜拉桥的维修与加固

（1）维修。

①斜拉桥梁体和索塔部分的维修，视其结构类型可按钢筋混凝土桥、预应力混凝土桥及钢桥的相关规定进行。

②拉索的维修。

a. 定期更换拉索两端锚具锚杯内的防护油。

b. 定期更换钢护筒与套管连接处的防水垫圈与阻尼垫圈，做好搭接处的防水处理。

c. 定期对索端钢护筒做涂漆防锈处理。

d. 若拉索护套出现开裂、漏水、渗水，应及时处理。可剥开已损坏的护套，将已潮湿的钢索吹干，对已生锈的钢索做好防锈处理，再涂刷防护漆及防护油，并用玻璃丝布或其他防护材料包扎严密。

e. 斜拉索的减震装置要保持正常工作状态，发现异常或失效要及时维修。

③桥上附属设施的维修。

a. 索塔的爬梯应每年维修一次，包括防锈、油漆、修理损坏的部件。进出口检查门应经常保持完好。有工作或观光电梯的,应按有关规定进行维修。

b.空心索塔的塔内通风照明设施每年至少检查维修一次,损坏的应及时更换。

(2)斜拉索的调整和更换。

①对因钢索、锚具损坏而超出安全限值的拉索进行索力调整。张拉的顺序、级次和量值应按设计规定进行,并测定索力和延伸值,同时进行控制。

②对索力偏离设计限值的拉索进行索力调整。张拉的顺序、级次和量值应按设计规定进行,并测定索力和延伸值,同时进行控制。

③拉索的更换按改建工程进行,应对各方案技术经济的合理性进行分析比选,确定安全、简便的施工方案。竣工后应对全桥斜拉索的索力和主梁高程进行测定,检验换索效果,并作为验收的依据。

8)悬索桥的维修与加固

(1)维修。

①悬索桥梁体和索塔部分的维修,视其结构类型可按钢筋混凝土桥及钢桥的相关规定进行。

②主缆各索股的受力应保持均匀,经检查若个别索股受力出现明显偏差、松弛或过紧,应通过索端拉杆螺栓进行调整。

③防止主缆索股的锚头、锚杆、裸露索股、分索器散索鞍等锈蚀,涂装防锈油漆的部分应定期涂刷,涂抹黄油的部分应定期更换黄油,发现剥落、锈蚀应及时处理。

④主缆索的防护层如有开裂、剥落,应尽快修复,必要时可切开防护层检查主缆是否锈蚀并作相应处理,处理完毕后应及时修复。采用涂覆黄油防锈并用简易包裹做防护层的,应定期更换黄油及防护层,并保持其完好状态。

⑤索鞍的辊轴或滑板应保持正常工作状态。

⑥索夹、索鞍、吊杆等的紧固螺栓应保持其原设计受力状态,视其工作情况,每半年至两年定期紧固,若发现松动应及时紧固。

⑦若吊杆有明显摆动、倾斜或检查发现其受力变化,应查明原因。若吊索锚头出现松动,应予更换。吊杆复位后应进行索力检测。

⑧吊杆的保护套,止水密封圈、防雨罩等应保持完好,若发现老化、开裂、破损要及时修补、更换。

(2)加固方法及适用范围。

①减少悬索桥竖向变位的加固方法:

a.设置中央构件,把加劲梁与主缆索在跨中联结起来。

b.把直吊杆改为斜吊杆或交叉斜吊杆。

c.增加斜拉索改变结构受力体系,斜拉索可设在主跨四分之一跨径区段,并妥善解决斜拉索与加劲梁及索塔的锚固,同时注意解决索塔受力平衡问题。

②减少悬索桥竖向变位的方法:

a.在桥的两岸上、下游对称增设侧风缆,风缆锚固于悬索桥的加劲梁上,锚固位置可选在四分之一跨至跨中之间。

b. 在桥的上、下游各架设一根跨河钢缆，其高度略低于桥面，用钢丝绳将加劲梁与过河钢缆作多点联结，适当张紧形成抛物面网络。

c. 加强加劲梁的水平风撑，加大横向刚度。

③主缆垂度调整。对采用少量索股的悬索桥，结构条件许可时，才可对主缆的垂度进行调整。先将要调整的主缆一侧的恒载卸载，放松索夹，用卷扬机或其他张拉设备逐股张紧主缆索索股，再用调整索股端头的螺杆固定。

④索鞍座复位。当索鞍座偏移超出设计允许值时，可用千斤顶将辊轴归位。

锚碇及锚室结构开裂、变形，应及时查明原因，进行加固处理。锚碇板开裂，可增补钢筋混凝土锚碇板，支撑开裂或破损可增加型钢支撑；若锚室发生变形、位移，可用增加压重等方法处理山体。

9）桥梁支座的维修与更换

（1）支座如有缺陷或产生故障不能正常工作时，应及时予以修整或更换。

①支座的固定锚销剪断，滚动面不平整，轴承有裂纹或切口，辊轴大小不合适，混凝土摆柱出现严重开裂、歪斜，应更换。

②支座座板翘起、变形、断裂时应予更换，焊缝开裂应予整修。

③板式橡胶支座出现脱空或不均匀压缩变形时，应进行调整。

④板式橡胶支座发生过大剪切变形、中间钢板外露、橡胶开裂、老化时，应及时更换。

⑤油毡垫层支座失去功能时，应及时更换。

（2）调整、更换板式橡胶支座、钢板支座、油毛毡垫层支座时采用如下方法：在支座旁边的梁底或端横隔处设置千斤顶，将梁适当顶起，使支座脱空不受力，然后进行调整或更换。调整完毕或新支座就位正确后，落梁到使用位置。

（3）需要抬高支座时，可根据抬高量的大小选用下列方法：

①垫入钢板（50mm 以内）或铸钢板（50～100mm）。

②更换为板式橡胶支座。

③就地浇筑钢筋混凝土支座垫石，垫石高度按需要设置，一般应大于 100mm。

10）墩台基础的维修与加固

（1）维修。

①若基础冲刷过深或基底局部掏空，应立即抛填块石、片石、铅丝石笼等进行维护。

②桥下河床铺砌出现局部损坏时应及时维修。若砌块损坏，可补砌或采用混凝土修补。

（2）墩台基础的允许沉降。

简支梁桥墩台基础的沉降和位移，超过以下容许限值或通过观察裂缝持续发展时，应采取相应措施予以加固：

①墩台均匀总沉降值（不包括施工中的沉降）：$2.0\sqrt{L}$（cm）。

②相邻墩台总沉降差值（不包括施工中的沉降）：$1.0\sqrt{L}$（cm）。

③墩台顶面水平位移值：$0.5\sqrt{L}$（cm）。

其中：L 为相邻墩台间最小跨径，以 m 计，跨径小于 25m 时，仍以 25m 计算。

当墩台变位所产生的附加内力影响到桥梁的正常使用和安全时,或桥梁墩台基础自身结构出现大的缺损使承载力不够时,应进行加固处理。

(3)加固方法及适用范围。

当地基承载力不足时,可采用下列措施进行加固。

①重力式基础的加固。

a. 在刚性实体基础周围浇筑混凝土扩大基础。一般应修筑围堰,抽干水后开挖基坑,再浇筑混凝土。新旧基础(承台)之间可埋置连接钢筋,并将旧基础表面刷洗干净、凿毛,使新老混凝土连成整体。

b. 当梁桥桥台基础承载能力不足时,可在台前增加桩基及柱并浇筑新盖梁、增设支座。这时梁的支点发生变化,应根据结构受力变化对主梁进行检算及加固。

c. 对于拱桥基础可在桥台两侧加设钢筋混凝土实体耳墙,并将耳墙与原桥台用钢销连接起来,增大桥台基础面积,提高桥台承载力。

d. 当桥下净空允许时,可在台前加建新的扩大基础及台身,将主拱改建为变截面拱支承到新基础及台身上。新老基础之间用钢筋或钢销进行连接,有条件时可在台前新基础下增加短桩,以提高承载力。

②桩基础的加固。

a. 加桩。可用钻孔桩或打入桩增设基桩,并扩大原承台。

b. 对单排架桩式桥墩采用加桩加固时,如原有桩距较大(4 ~5 倍桩径),可在桩间插桩。如原有桩距较小,但通航净空有富裕时,可在原排架两侧增加新桩,变为三排式墩桩。

c. 对钻孔灌注桩桩身损坏,露筋、缩颈等病害,可采用灌压浆或扩大桩径的方法进行维修加固。

③人工地基加固。

对墩台基础以下的地层,采用注浆、旋喷注浆或深层搅拌等方法,将各种浆液及加固剂注入或搅拌于土层中,通过浆液凝固使原来松散的土固结,成为有足够强度和防渗性能的整体。所采用的材料应通过试验确定。

④墩台基础防护加固。

墩台基础局部被冲空时,可分情况采取下列加固措施:

a. 水深小于3m,可筑围堰将水抽干,以砌石或混凝土填补冲空部分。桥台基础采用上述方法加固时,还应修整或加筑护坡。

b. 水深不小于3m,可在基础四周打板桩或做其他围堰,灌注水下混凝土。也可用编织袋装干硬性混凝土,通过潜水作业将袋装混凝土分层填塞冲空部分,填塞范围比基础边缘宽0.4m以上。

c. 当基础置于风化岩层上,基底外缘已被冲空时,应先清除岩层严重风化部分,再用混凝土填补。对基础周围的风化岩层还应用水泥砂浆进行封闭。

d. 当河床不稳定,基础埋置较浅,冲刷范围较大时,可采用平面防护加固,其范围要覆盖全部冲刷坑。方法如下:

ⓐ打梅花桩,桩间用块、片石砌平卡紧。

ⓑ用块、片石防护或用水泥混凝土板、水泥混凝土预制块防护。

ⓒ用铁丝笼、竹笼等柔性结构防护。

ⓓ墩台周围河床冲刷严重、危及基础安全时，除分别采用上述方法进行加固外，应在洪水期过后，采取必需的调治构造物防护措施，并对河床采取防冲刷处理，以防再次被冲坏。

⑤桥台滑移、倾斜的加固。

桥台发生滑移和倾斜时，应分析原因，根据不同情况采用下列加固方案：

a. 梁桥或陡拱因台背土压力过大，造成桥台向桥孔方向位移，可采取下列方法进行加固：

挖除台背填土，改用轻质材料回填，减轻台后土压力，以使桥台稳定。拱桥在换填材料时，应维持与拱推力的平衡，如在桥孔设临时拉杆或在后台设临时支撑。

挖去台背填土，加厚台身。

对于单跨的小跨径梁桥，可在两桥台基础之间增设钢筋混凝土支撑梁或浆砌片石支撑板，支撑顶面应不高于河床。埋置式桥台可采用挡墙、支撑杆或挡块等进行加固。

b. 拱桥桥台产生向台后方向位移，可根据不同情况采用下列加固方法：

在 U 形桥台两侧加厚翼墙。翼墙与原桥台应牢固结合，增大桥台断面和自重，借以抵抗水平位移。若为一字形桥台，可增设翼墙变为 U 形桥台。

当桥台的位移尚未稳定时，可在台后增设小跨引桥和摩擦板，以制止桥台继续位移。

当桥下净空许可时，可在墩台之间设置拉杆承受推力，限制水平位移。对于多孔桥，要注意各孔之间的推力平衡。

c. 拱桥在加固墩、台时，应保持推力平衡，注意安全。

⑥墩台基础沉降的加固。

若桥梁墩台发生了较明显的沉降、位移，可采用下列办法使上部结构复位：

a. 梁桥上部结构状况基本完好、桥面没有损坏、下部地基较好时，可对上部结构整体或单孔顶升，然后加设垫块、调整支座。

b. 梁桥上部结构状况基本完好，但桥面损坏严重时，可凿除桥面及主梁之间的连接，将主梁逐一移位，加厚盖梁，重新安装主梁，并重新铺装桥面。

c. 拱桥桥台发生位移，是拱轴线变形较大、承载能力不足时，可采用顶推方法调整拱轴线，恢复其承载力。

11）墩台的维修与加固

（1）维修。

①保持墩台表面整洁，及时清除墩台表面的青苔、杂草、灌木和污秽。

②对发生灰缝脱落的圬工砌体，应清除缝内杂物，重新用水泥砂浆勾缝。

③墩、台身圬工砌体表面风化剥落或损坏，当损坏面积较大且深度超过 3cm 时，须采用挂网喷浆或浇筑混凝土的方法加固。

④圬工砌体镶面部分严重风化和损坏时，应用石料或混凝土预制块补砌、更换，新老部分要结合牢固，色泽质地应与原砌体基本一致。

⑤墩台身圬工砌体的砌块如出现裂缝,应拆除后重新砌筑。

⑥墩、台表面发生侵蚀剥落、蜂窝麻面、裂缝、露筋等病害时,应采用水泥砂浆修补。

⑦墩、台混凝土裂缝宽度超过限值时,裂缝的修补方法参见钢筋混凝土梁桥的维护。

(2)加固方法及适用范围。

①由于活动支座失灵而造成墩台拉裂,应修复或更换支座,并按上述方法修补裂缝。

②墩台身发生纵向贯通裂缝时,可采用钢筋混凝土围带、粘贴钢板箍或加大墩台截面的方法进行加固。

③因基础不均匀下沉引起墩、台自下而上的裂缝时,应先加固基础,再采用灌缝或加箍的方法进行加固。

④U 形桥台的翼墙外倾时,可在横向钻孔加设钢拉杆,钢拉杆固定在翼墙外壁的型钢或钢筋混凝土梁柱上。

⑤当墩台损坏严重,如出现大面积开裂、破损、风化、剥落时,一般可用钢筋混凝土"箍套"加固,对结构基本完好但承载能力不足的圆柱形墩柱,可用包裹碳纤维片材的方法加固。

⑥钢筋混凝土墩台出现缺损,而墩台身处于常水位以下时,可根据不同情况采用围堰抽水或水下作业的方法进行修补。

(3)锥坡、翼墙的养护。

①锥坡应保持完好。锥坡开裂、沉陷,受洪水冲空时,应及时采取措施进行维修加固。

②翼墙出现下沉、断裂或其他损坏时,应及时维修加固。

12)通道、跨线桥与高架桥的养护加固

(1)通道的维修。

①通道的上下部结构及桥面维修与一般公路桥梁相同,在进行结构或道面维修时宜维持行车与行人通行,但应有严格的安全措施。

②通道混凝土出现裂缝、渗水,可按照下列办法进行修理:

a. 混凝土表面的细裂缝和网状裂缝可采用涂抹或喷涂的方法修补,也可加罩新面层。加罩面层前,应将原混凝土表面凿毛。

b. 用嵌填法堵漏时,先将裂缝凿成深度不小于 3cm、宽度不小于 1.5cm 的 V 形槽,清理干净后,用水泥胶浆或石棉膨胀水泥填实,厚度为 1.5cm。经检查无漏后,再用抗渗水泥砂浆填平余下的 1.5cm。

c. 当渗漏严重时,宜采用注浆堵漏,或采用其他可靠的堵漏方法。

③采用机械排水的通道,其排水泵、阀及其他设备、排水管道应保持功能完好、运转正常,并作定期检修。

a. 水泵的定期维修应符合下列规定:抽流泵累计运行 3000h、离心泵累计运行 4000h、混流泵及潜水泵累计运行 5000h、不经常运行的水泵每隔 3 年,均应解体维修。水泵维修后,其流量不应低于设计流量的 90%。

b. 泵房应配备备用泵一台,泵房蓄水池每季度应清捞污泥一次,泵房内的电器、机电设备及水位仪等每年应校验一次。

c. 其他配套设施如集水井、沉淀池（井）应经常清淤，排除杂物，以防堵塞管道。

（2）跨线桥与高架桥的维修。

①跨线桥、高架桥的上、下部结构及桥面的维修与一般公路桥相同。

②跨线桥、高架桥上的防抛网，隔音墙应保持完好，若损坏应及时修理或更换损坏部件。

（3）通道、跨线桥和高架桥的加固。

通道、跨线桥和高架桥的加固，可根据桥梁结构类型和损伤情况，参照上述的加固方法进行。

5.3.2　桥梁抗震加固

1）桥梁抗震加固原则

（1）处于地震动峰值加速度系数大于或等于 0.1g 地区的桥梁，应按现行《公路工程抗震设计规范》（JTG 2232）的要求采取相应的抗震加固措施。处于地震动峰值加速度系数小于 0.1g 地区的桥梁，除特殊规定外，可采取简易设防。

（2）加固后的桥梁应满足桥梁正常使用情况下的变形要求。加固采用的裸露钢构件应进行防锈处理并正常养护。原有结构打孔、凿槽后的外表应抹面修饰。

（3）桥梁抗震加固的重点为针对顺桥向震害的加固。

（4）对重点桥梁应做好震后抢修准备和预案，争取震后尽快恢复交通。

2）桥梁抗震调查

（1）处于地震动峰值加速度系数大于或等于 0.1g 地区公路桥梁调查的重点是上、下部结构抗震薄弱部位。

上部结构的薄弱部位，有下列各处：

①梁桥：跨中、横梁、支座；

②拱桥：拱顶、拱 1/4 跨径处、拱脚及腹拱与立柱联结处；

③其他形式桥梁：除跨中和支座部位外，还有设计部门提出的抗震薄弱部位。

下部结构的薄弱部位，有下列各处：

①墩台帽、墩、台、基础等相互结合的部位及截面突变处；

②水中墩干湿交替风化严重的部位；

③基础冲刷严重的部位；

④混凝土桥墩的混凝土工作缝处。

（2）地震区桥梁震害一般有下列情况：

①在梁、板桥中，主梁纵、横向移位及落梁，撞击造成梁端损坏。

②在桁梁桥中，桁梁扭曲、位移。

③在拱桥中，拱上建筑局部挤坏、腹拱与立柱联结处开裂或脱落；拱圈变形、开裂；拱脚移位、开裂等。

④支座倾倒、脱落，锚固螺栓拔出或剪断、销钉损坏、滚轴脱离。

⑤基础下沉、滑移、倾斜、断裂；桥台胸墙开裂、剪断、墩台身及桩柱开裂；地基土液化，

地基承载力降低。

3)梁桥的抗震加固

(1)防止顺桥向落梁的抗震加固措施,可采取下列方法:

①加固桥台胸墙或重做钢筋混凝土胸墙,在梁端和胸墙间填塞缓冲材料,也可安装防落梁装置。

②设置纵向挡块,在墩台帽上增设锚栓、挡块,阻止梁纵向位移。

③固定主梁:

用卡架把梁固定在桥墩上。卡架与梁或墩之间填塞橡胶、油毡、软木等弹性材料,以保证梁在温度变化时能自由伸缩。

板端钻孔固定。采用油毡支座的板梁,可在每片板梁上钻孔至墩、台帽内,放入螺栓,固定端填以环氧砂浆,活动端应扩孔并填以弹性材料,以利温差伸缩,最后上紧螺帽。

悬臂梁端固定。在悬臂梁端钻孔,固定螺栓可由上向下穿透挂孔及悬臂端,也可将联结钢板置于梁顶面或梁侧,钻孔并用螺栓固定。

④将主梁连成整体:

增设横向钢拉杆或钢筋混凝土横隔板,提高主梁的整体性。

纵向在两跨梁间安装防落梁装置或在端隔板之间用螺栓或其他钢构件连接,限制主梁纵向位移。

⑤梁与桥台胸墙纵向连接。用螺栓、钢板等将梁端与胸墙连接起来,以防落梁。

(2)可采取下列防止横向落梁的抗震加固措施:

①设置横向挡块或挡杆。在边主梁外侧墩、台帽上钻孔埋入锚筋,浇筑钢筋混凝土横向挡块,或埋设短角钢、钢轨、槽钢作挡杆,防止落梁。

②在边主梁外侧设置三角形钢支架及在边主梁外侧墩、台帽上埋设钢锚栓,将三角形钢支架固定,并在边主梁与钢支架间填塞垫木以固定主梁。

③对无桥面钢筋网的多梁式桥梁,可进行桥面改造,加铺钢筋网。

④用钢拉杆或横隔板加强主梁之间的横向联结。

(3)可采取下列防止支座破坏的抗震加固措施:

①设置支座挡块。对于采用平板式滑动支座、切线式滑动支座、板式橡胶支座或油毡支座的桥梁,若墩、台帽较宽,可采用钢筋混凝土纵向挡块进行加固。

②对于摆动、滚动支座,可在梁两侧设置挡块,并把挡块同下部构造连接起来,使之成为U字形或一字形承托。

③对钢支座,可将相邻跨径的两支座用钢筋纵向连接加固。

4)拱桥的抗震加固

(1)防止拱圈落拱,可在拱脚处设置防落拱牛腿,或在横桥向加长墩、台身或墩、台帽。

(2)将主拱圈连成整体,可采取下列办法:

①在双曲拱桥拱肋的横系梁间交叉设置钢筋斜拉杆,中间用花篮螺栓拉紧。各部分外露钢筋均应涂刷油漆防锈。

②双曲拱桥结构整体性较好时,可只在拱顶范围三道横系梁间设置交叉拉杆,两端焊

接在横系梁的钢板箍上,中间用花篮螺栓拉紧。

③在石拱桥拱圈的跨中和1/4跨处加设三道钢板箍,用螺栓将钢板箍锚固在拱底及拱侧的钻孔上,锚固孔用膨胀水泥砂浆填充。

(3)加强拱脚与墩、台的连接。在拱座凿孔,埋设钢筋,一端伸入拱脚和埋设在拱肋上的锚栓相连,最后浇筑混凝土。

(4)对空腹式拱桥,当拱上立柱较高时,可增设横系梁加强立柱间的连接。

5)墩、台和基础的抗震加固

(1)桥墩的抗震加固以增强整体性和稳定性为原则,根据构造特点可采取下列方法:

①柱式桥墩:在柱之间安装用槽钢或角钢做成的横撑或斜撑,并用螺栓将其拧紧,或采用电焊连接;用钢套管加固,套管用钢板卷焊而成。柱应先打毛,套管与柱之间的空隙,用水冲洗后填以水泥砂浆或小石子混凝土。

②对多孔长桥,可增设抗震墩。即在原有桥墩两边加设钢筋混凝土斜撑,斜撑尺寸视原墩高度和跨径而定。

③若桥墩截面偏小,可采用加大桥墩断面或加设套箍来加固。将原结构表面凿毛洗净,植入连接钢筋,使加大部分与原结构连成整体。基础扩大时,应同时对地基进行处理。

(2)桥台的抗震加固以增强抗滑、抗倾覆及抵御台背的土压力为原则,可分别采取下列方法:

①当桥台的抗倾覆及抗滑动稳定性不能满足安全要求时,可采用加筑围裙的方法。

②当桥台台后填土在地震力作用下因土压力变化危及桥台安全时,应采取下列措施:在台背增设挡墙或桥孔,新挡墙或新桥孔的桥台应能单独承受填土土压力;在台前修筑扶壁或斜撑,扶壁或斜撑与原桥台共同承受土压力;将埋置式或一字式桥台改为U形桥台。

③地震后拱桥桥台发生位移,引起拱轴线变形较大、承载能力不足时,可采用顶推方法调整拱轴线,恢复其承载能力。

(3)原未做抗震设防的桥梁墩、台、基础及地基,应按现行《公路工程抗震设计规范》(JTG 2232)补作验算。若地面以下20m范围内有可能液化的饱和砂土或饱和亚砂土层,应采取以下方法加固地基:

①水泥浆灌注法。在基础四周钻孔,放入注射管,进行压浆。水泥浆按水灰比约1:0.8或经试验取得的水灰比进行配制。

②旋喷灌浆法。将带有特殊喷嘴的钻具,送到土层中预定深度,用2kPa左右的压力将水泥浆(或其他固结材料)射入,通过钻孔中钻具的高压喷嘴,使浆液与土体搅拌混合形成胶糊柱体,待硬化固结后起到加固地基的作用。

③硅化法。将水玻璃用注射管注入土中,然后再注进氯化钙溶液,产生一种有胶性的硅胶膜强化土质。还可将水玻璃和磷酸溶液的混合液同时压入土中,产生硅胶,固结地基。

(4)对盖梁和承台的加固可采用钢筋混凝土加大截面,或采用施加预应力的方法,对于承台还可用增加厚度的方法进行加固,以提高其刚度。

5.3.3 调治构造物的维修与加固

(1)将竹木、铁丝石笼等临时性的调治构造物有计划地改为浆砌块、片石或混凝土的永久结构。

(2)调治构造物由于受洪水冲刷及漂浮物撞击,发生基础冲空、砌体开裂时,应及时维修。

(3)若调治构造物不足以抵御洪水冲击,则应进行加固。可采用植草皮、干砌或浆砌片石、铁丝石笼、抛石等,亦可用梢捆、柴排、混凝土或钢筋混凝土板、土工织物等进行加固。加固时,应考虑水深、流速及波浪冲击等因素。淹没式调治构造物的加固高度应至坝顶,非淹没式调治构造物的加固高度应高于设计洪水位以上至少50cm。

(4)河床冲刷严重,危及墩台基础时,可分别进行下列处治:

①水深较浅的,在枯水季节修整墩台基础冲空部分,中、小桥可对桥下河床做单层或双层片石铺砌,必要时可铺设挑坎防护。

②水深较深、施工困难的,可采用沉柴排、沉石笼、抛石护基等方法。

③对于流速过大或河床纵坡过大、冲刷严重的不通航小河,可在下游适当地点修筑拦砂坝。拦砂坝的高度、间距应根据河床的高程和纵坡确定,下游坝高程一般应与上游桥址处河床的高程相等。

(5)通过观察,若发现调治构造物的位置不当,数量、长度不合理,不能发挥正常作用时,应在洪水退后进行改善。

(6)因河道变迁、流向不稳定,或因桥梁上下游河道弯曲形成斜流、涡流,危及桥梁墩台、基础、桥头引道时,应因地制宜地增设调治构造物。对新增调治构造物的布设应进行多方案比选。

5.3.4 涵洞的维修及改建

(1)涵洞进、出水口处如已严重冲刷,可采用下列方法维修:

①位于陡坡上的涵洞或直接受水流冲击的涵洞,其入口处应采取适当的防护措施。

②用浆砌块石铺底,并用水泥砂浆勾缝、铺砌长度视土质和流速而定,铺砌的末端应设置混凝土或浆砌块石抑水墙。

③流速特别大的涵洞,应在出水口加设消力设施,如消力槛、消力池等。消力槛的末端应设置混凝土或浆砌块石抑水墙或设置三级跳槛。

(2)涵洞经常发生泥沙淤积时,可在进水口设沉砂井,以沉淀砂、杂物等。

(3)管涵的管节因基础沉陷而发生严重错裂时,应挖开填土处理地基,再重建基础。也可直接采用对地基和基础压浆的方法处理。有铰涵管如变形大于直径的1/20时,应查明原因进行处理。

(4)波纹管涵发生涵管沉陷、变形时,应挖开填土进行修理。管底应按土质情况做好垫层,管上加铺一层防水层,并注意对回填土分层夯实。

(5)涵洞的侧墙或翼墙,如有倾斜变形发生,应查明原因后加以处理,如因填土未夯实发生沉落,或因填土中水分过多土压力增大而引起的倾斜变形,应更换透水性好的填土夯实;如是因基础变形而引起的,则需要修理或加固基础。

(6)因加宽或加高路基导致涵洞长度不足时,应接长处理。一般可将原涵洞洞身接长,两端新建洞口端墙和路基护坡;当路基加高、加宽不多时,也可采用只加高两端洞口端墙或加高、加长洞口翼墙的方法。

(7)对承载力不足的涵洞应进行加固或改建,可分别采用下列方法:

①挖开填土,用混凝土或钢筋混凝土加大原涵洞断面。

②涵内用混凝土或钢筋混凝土预制块衬砌加固或用现浇衬砌进行加固。

③挖开填土,用新构件分段进行更换改建。

(8)当涵洞位置不当、过水能力不足时,应进行改建。改建施工宜分段进行,并做好接缝的防水处理。

5.4 超重车辆过桥措施

5.4.1 一般规定

(1)超重车辆通过桥梁时,应采取必要的技术和管理措施。

(2)超重车辆过桥的技术措施应符合下列规定:

①应依据现场调查结果和桥梁技术资料,按超重车辆的实际荷载,对桥梁结构进行强度、刚度、稳定性验算。

②必要时进行荷载试验,以判定桥梁的承载能力。

③对不能满足通行条件的桥梁进行加固处治。

④有多条线路可通行时,应选取桥梁技术状况好、承载能力高、加固工程费用较低的路线通过。

5.4.2 超重车辆过桥的检算及荷载试验

(1)搜集结构检算所需的技术资料,应包括下列内容:

①超重车辆技术参数;

②桥梁设计、竣工文件及养护、维修、改建资料;

③其他试验检测资料;

④现场核对记录;

⑤对无竣工资料或出现缺损的桥梁,应以能反映桥梁实际状况的检测结果为计算依据。

(2)结构检算应针对可能受到超重车辆荷载影响的桥梁构件或部件,包括上、下部结构承重构件及基础进行检算。检算时应选取符合实际的计算图式,采用安全可靠的计算参数和计算方法。

(3)结构检算和检查结果不足以对超重车辆过桥安全性做出判定时,可进行荷载试验。试验荷载应与超重车辆通过的状况相近,必须分级加载。

(4)应对结构检算结果或荷载试验结论进行综合分析,判断桥梁承载能力能否满足超重车辆过桥需要。

5.4.3 加固措施

1)基本要求

(1)桥梁承载力不能满足超重车辆通行需要时,应对其不足部分如上部结构、下部结构、地基以至全桥采取安全适用、技术可靠、经济合理的加固措施。特大桥或特殊结构桥梁的加固宜提出两个以上加固方案进行经济技术比较。

(2)采取临时加固措施时,根据计算结果和评估结论,应优先采取易于实施及拆除、构件可回收利用的临时措施。

(3)采取永久加固措施时,可与桥梁的技术改造及提高荷载等级一并论证实施。加固措施、施工方法、工艺、流程应充分考虑结构倾覆、失稳、沉陷、滑动或坍塌的可能性,确保安全。

2)加固方案

(1)小跨径梁桥和拱桥,在下部结构和地基承载力许可时,可在桥台处设临时支点,在桥面上临时架设钢板梁或钢桁梁全桥跨越,以供超重车直接行驶通过。

(2)多跨桥梁因桥较长而无法采用全桥跨越时,若桥梁下部结构及地基承载力允许,可采用部分跨越法。在台、墩处的梁端部架设钢梁,以减小临时钢梁跨度。

(3)梁桥跨径较大,或下部结构及地基承载力不足时,可另增加基础,采用竖向多点支承法或八字支撑法进行加固。

(4)当拱桥跨度较大、地基较好时,可采用拉杆加固法。

(5)其他用于加固上、下部结构及地基的方法均可用于超重车过桥的加固措施之中。

5.4.4 超重车辆过桥的技术管理

(1)超重车辆过桥前,应根据承载能力评定的结果,制订过桥方案。过桥方案应包括下列内容:

①过桥前的巡视检查;

②过桥时间的确定;

③指定超重车辆行驶位置和行驶线路;

④确认牵引车和平板挂车轮距及轴重;

⑤人员配备;

⑥交通管制措施;

⑦现场监控方案;

⑧应急预案。

(2)超重车辆过桥时,应符合下列规定:

①超重车辆应沿桥梁结构的中心线行驶。

②车辆以不大于 5km/h 的速度匀速行驶。

③严禁在桥上制动、变速、停留。

④不得有其他车辆同时过桥。

(3)不宜在洪水、暴雨、大风等时段组织超重车辆过桥。

(4)超重车辆过桥时,应现场观测记录桥梁位移、变形、裂缝变化。必要时,还应观测应变、反力、索力等力学参数。

(5)超重车辆过桥后,应及时检查桥梁主要受力构件的技术状况,发现病害并及时处治。

5.5　桥梁维护对策与规划

5.5.1　维护对策

桥涵养护工作是指按照规定的技术标准和验收条件对桥涵进行的养护工作。桥涵养护工程分为预防养护、修复养护、专项养护和应急养护工作,见表 5.5-1。

表 5.5-1　桥涵养护工程分类

项目	预防养护	修复养护	专项养护	应急养护
桥梁、涵洞	保养: 1. 清除污泥、积雪、积冰、杂物,保持桥面的清洁。 2. 疏通涵管,疏导桥下河槽。 3. 伸缩装置养护,泄水孔疏通,钢支座加润滑油,栏杆油漆。 4. 桥涵日常养护 小修: 1. 局部修理、更换桥栏杆和修理泄水孔、伸缩装置、支座和桥面的局部轻微损坏。 2. 修补墩、台、河床铺底和防护圬工的微小损坏。 3. 涵洞进出口的铺砌加固修理。 4. 通道的局部维修和疏通修理排水沟	1. 修理更换中小桥支座、伸缩装置及个别构件。 2. 大中型桥梁的全面油漆除锈和各部件的检修。 3. 永久性桥墩、台侧墙及桥面的修理和小型桥面的加宽。 4. 重建、增建、接长涵洞。 5. 桥梁河床铺底或调治构造物的修复和加固。 6. 通道的修理与加固。 7. 排水设施的更新。 8. 各类排水泵站的修理	1. 在原技术等级内加宽、加高、加固大型桥梁。 2. 改建、增建小型桥梁和技术性简单的中桥。 3. 改建、增建较大的河床铺底和永久性调治构造物。 4. 大桥桥面铺装的更换。 5. 大桥支座、伸缩装置的修理更换。 6. 通道改建。 7. 改建、增建小型立体交叉桥。 8. 增建公路通道	针对桥梁损坏、中断、产生重大安全隐患等情况,为确保较快恢复桥梁安全通行能力而实施的应急性抢通、保通、抢修项目

(1)对技术状况为 1、2 类的桥梁应加强预防养护,防止出现明显病害。

(2)对技术状况为 3 类的桥梁应及时进行修复养护,防止病害加快扩展,影响桥梁安全运营。

(3)对技术状况为 4 类和 5 类的桥梁,应及时采取管理措施,保证安全。并依据桥梁特殊检查结果和技术论证分析,安排专项养护。

对荷载等级、宽度、抗灾能力、安全防护标准等技术指标低于所在公路技术标准的桥梁,应有计划地进行专项养护。

(4)当有桥梁损坏、中断、产生重大安全隐患等情况时,为确保较快恢复桥梁安全通行能力而实施的应急性抢通、保通、抢修项目称为应急养护。

5.5.2 维护规划

(1)根据预防养护、修复养护、专项养护和应急养护工作等不同桥梁维护工作类型对桥梁承载能力的不同影响,将桥梁维护分为维护性修理和提高性修理。

维护性修理即是一般养护,在保证桥梁现有结构形式和承载能力不变的情况下,对其局部病害进行修复的修理。

提高性修理即是维修加固,是指通过加高、加宽、加厚、更换构件,改变结构形式等方法来提高桥梁现有承载能力或提高桥梁现有服务水平的桥梁修理。

(2)桥梁维护规划分为两个层级的规划:路网层级和项目层级。

路网层级的桥梁维护规划是对路网内的所有需要维护的桥梁进行维护优先次序排序。

项目层级的桥梁维护规划是针对需要提高性修理的桥梁进行修理策略的决策。

(3)路网层级的桥梁维护规划包括:

①通过桥梁技术状况评估甄选出路网内需要维护性修理的桥梁和需要详细检测的桥梁。

②在详细检测后,通过桥梁承载能力评估甄选出需要提高性修理的桥梁。

③对需要维护性修理的桥梁,通过马尔可夫退化模型来预测桥梁构件技术状况的退化趋势,从而对其修理次序进行排序,并分别给定修理建议。

(4)项目层级的桥梁维护规划包括:

①对需要提高性修理的桥梁,通过桥梁承载能力退化趋势来对其维修次序进行排序。

②通过桥梁目标可靠度,决策采用什么技术方式进行桥梁修理和决策桥梁修理后应达到什么技术效果。

第 6 章　桥梁应急管理配套实施细则

6.1　一般规定

6.1.1　目的

为有效应对首发集团管理维护和建设的桥梁可能出现的突发事故,及时采取应急措施,组织实施抢险工作,最大限度地减少桥梁突发事故造成的社会影响和财产损失,保障人民群众生命财产安全,结合首发集团辖区桥梁的实际情况,制定本细则。

6.1.2　工作原则

1)以人为本

坚持以人为本的原则,维护广大人民群众的利益,保护人民生命财产安全,最大限度地减少桥梁突发事件对人民群众生产生活造成的影响。

2)预防为主

坚持预防为主的原则,做好预防、预测和预警工作。做好常态下的风险评估、物资储备、队伍建设、装备完善、预案演练等工作。

3)快速处置

坚持快速处置的原则,桥梁突发事件发生后,迅速启动应急预案,及时采取临时措施,及时通知相关机构,协调联动,统一指挥,组织应急抢险、疏导交通、控制事件的影响范围,尽快恢复交通。

6.1.3　编制依据

依据《中华人民共和国道路交通法》《中华人民共和国公路法》《中华人民共和国公路管理条例》《中华人民共和国公路管理条例实施细则》《高速公路交通应急管理程序规定》《北京市城市道路管理办法》《北京市公路条例》《北京市突发公共事故总体应急预案》《北京市桥梁突发事件应急预案》及相关法律法规制定本细则。

6.1.4　适用范围

适合首发集团管理范围内的桥梁突发事故的预防、处置和善后工作;适用于桥梁遭受突发事故时的预防和善后恢复工作。相关应对工作需报请市交通安全应急指挥部办公室或市应急办,由相关部门同时启动相应专项应急预案。

6.2 组织机构与职责

6.2.1 应急组织机构组成

在市应急办和市交通安全应急指挥部办公室统一领导下,由首发集团桥梁应急指挥领导小组负责本集团桥梁突发事故的应急处置工作。

首发集团桥梁应急指挥领导小组由组长、副组长和工作组组成。指挥领导小组成员包括集团公司领导和相关部门负责人。工作组包括应急办公室、运营应急组、抢险应急组、后勤保障组、宣传信息组、安全保障组和专家技术组。

6.2.2 应急组织机构职责

1)应急指挥领导小组职责

(1)负责组织《首发集团桥梁突发事故应急预案》制订、修订和宣传工作,指导桥梁养护单位制订、修订相关处置类应急预案。

(2)负责制订本集团桥梁突发事故应急处置演习方案,并组织实施。

(3)负责组织本集团桥梁突发事故预警的研判、分级和上报工作;发布由本集团处置的桥梁安全事故预警和应急处置信息。

(4)负责由本集团处置的桥梁突发事故应急处置决策、指挥和组建现场指挥部。

(5)督促检查有关单位做好相关抢险救援、信息上报、善后处理工作。

(6)负责组织相关的桥梁突发事故调查和总结工作。

(7)负责贯彻执行上级应急指挥部的决策。

(8)承办市交通安全应急指挥部办公室和市应急办交办的其他事项。

2)应急办公室职责

(1)负责收集本集团桥梁突发事故信息,及时向应急指挥领导小组汇报。

(2)负责组织本集团桥梁突发事故应急处置的演习。

(3)在应急响应期间,负责与应急指挥领导小组和各工作组进行联络,及时传达和执行上级各项决策和指令,检查执行情况并向领导小组报告。具体工作有:

①按照领导小组的决策协调指挥事故发生地的应急工作。统一调配应急所需的人员、物质、车辆、机械设备等资源,对事故发生地进行对口技术支持和支援,协助事故发生地人民政府提出对策方案。

②负责与上级应急组织指挥机构及有关行政主管部门联系,及时了解核实桥梁事故的最新信息。根据情况需要并经领导小组批准,向上级部门通报事故情况和提出应急措施的建议。

③应急结束后,组织专家技术组开展事故调查和提出善后处理意见。

3)运营应急组职责

运营桥梁遇到突发事故时负责核实事故情况,并按规定向有关部门、有关领导报告。

在集团应急指挥领导小组的统一领导下，组织收费、养护、监控各部门参加应急救援工作。

4）抢险应急组职责

负责组织实施桥梁突发事故现场的先期应急处置，负责桥梁一般突发事故的应急处置，协助上级抢险应急机构处置较大以上的桥梁突发事故。

5）安全保障组职责

负责事故现场的安全警戒线设置，负责维持事故现场秩序，协助配合交通管理部门做好交通疏导，保障事故现场的安全和交通顺畅。

6）后勤保障组职责

负责配合应急办公室参与桥梁突发事故救援工作，配合做好人员疏散安置、后勤保障和其他相关工作。

7）宣传信息组职责

负责对桥梁突发事故应急处置和抢险救援现场的信息报道和对外宣传，协助配合上级宣传部门做好向社会公众通报突发事故相关情况工作。

8）专家技术组职责

应急指挥领导小组根据需要设立专家技术组，作为领导小组的技术咨询机构。专家技术组由桥梁的设计、施工、维护、控制等方面的专家组成，主要职责为：

（1）在制订桥梁突发事故应急有关规定、预案制度、项目建设方案的过程中提供参考意见。

（2）为桥梁突发事故应急抢险等重大决策提供指导建议。

（3）及时发现应急救援工作中存在的问题与不足，并提出改进建议。

（4）按照首发集团桥梁应急指挥领导小组的要求，参与桥梁突发事故的宣传报道，并参与应急业务培训讲座、教材编审等工作。

6.3　事故分级

根据《北京市桥梁突发事件应急预案》的分类方法，首发集团将桥梁突发事故分为一级事故、二级事故、三级事故及四级事故 4 个级别。

6.3.1　一级事故

符合下列条件之一的为特别重大桥梁突发事故（Ⅰ级）：

（1）城市快速路、主干道、高速公路、国道公路上的特大桥发生桥梁突然坍塌的事件；

（2）桥梁坍塌导致死亡和失踪人员 30 人以上或伤 100 人以上，直接经济损失 1 亿元以上的事故。

6.3.2　二级事故

符合下列条件之一的为重大桥梁突发事故（Ⅱ级）：

（1）城市快速路、主干道、高速公路、国道公路上的大桥及其他等级道路的特大桥梁发

生桥梁突然坍塌的事件;

(2)事故中死亡10人以上、30人以下,或者危及10人以上、30人以下生命安全,或者伤50人以上100人以下,直接经济损失5000万以上1亿元以下。

6.3.3 三级事故

符合下列条件之一的为较大桥梁突发事故(Ⅲ级):

(1)城市快速路、主干道、高速公路、国道公路上的中、小桥梁及其他等级道路的大、中桥梁发生桥梁突然坍塌的事件;

(2)事故中死亡3人以上、10人以下,或者危及3人以上、10人以下生命安全,或者伤10人以上50人以下,直接经济损失1000万以上5000万元以下。

6.3.4 四级事故

符合下列条件之一的为一般桥梁突发事故(Ⅳ级):

(1)其他等级道路上的小桥发生桥梁突然坍塌,以及各等级道路的桥梁出现主体结构严重病害、承载力能力丧失等随时可能出现坍塌的事件;

(2)死亡(含失踪)3人以下,或者危及3人以下生命安全,或者伤10人以下,直接经济损失1000万元以下。

6.4 应急处置

6.4.1 应急处置流程(图6.4-1)

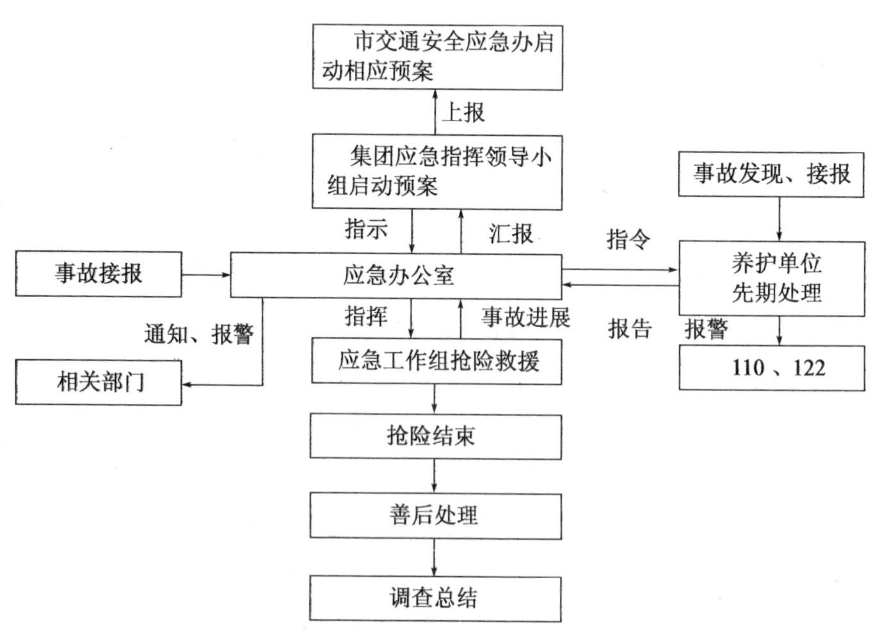

图6.4-1 应急处置流程

6.4.2　应急响应

1)先期处置

(1)桥梁养护单位发现或接获所管养桥梁突发事故信息后,立即启动先期处置预案,并于30分钟内到达现场,协助交通管理部门疏导交通,设置警戒标志,采取措施防止事态扩大和次生灾害发生。

(2)养护单位桥梁养护工程师应对事故现场进行初步评估,制订初步应急抢险方案并上报集团公司桥梁养护工程师。

(3)养护单位根据集团公司批复,及时组织开展现场应急救援处置工作。

2)分级响应

(1)桥梁突发事故Ⅳ级响应。

①集团应急指挥组办公室接到一般事故报告,应在迅速核实后向指挥组副组长报告,立即启动本预案,并迅速通知相关成员单位赶赴现场。

②集团应急指挥组办公室负责同志在应急指挥办公室指挥,由养护单位或施工单位的主管负责同志和现场工作人员具体实施现场秩序维护、信息报告及抢险救援等相关工作事宜。

③视突发事故的具体情况,必要时,集团应急指挥组办公室负责同志赴现场指挥。

(2)桥梁突发事故Ⅲ级响应。

在Ⅳ级响应基础上,采取下列措施:集团应急指挥组办公室接到较大事故报告后,立即启动本预案,并迅速报市交通安全应急指挥部办公室指挥处置,指挥组副组长立即赶赴现场协助指挥处置工作。

(3)桥梁突发事故Ⅱ级响应。

在Ⅲ级响应基础上,采取下列措施:集团应急指挥组办公室接到重大事故报告后,立即启动本预案,并迅速报市交通安全应急指挥部办公室指挥处置,指挥组组长立即赶赴现场协助指挥处置工作。

(4)桥梁突发事故Ⅰ级响应。

在Ⅱ级响应基础上,采取下列措施:集团应急指挥组办公室接到特大事故报告后,立即启动本预案,并迅速报市应急办指挥处置,指挥组组长立即赶赴现场协助指挥处置工作。

3)应急结束

(1)突发桥梁安全事件现场应急抢险救援工作结束后,应保证事态的基本稳定,受损设施的使用功能完全或基本得到恢复。必要时,应通过广播电台、电视台和新闻媒体向社会发布应急结束的消息。

(2)一般桥梁突发事故应急处置工作,由集团应急指挥组办公室宣布应急结束。

(3)较大以上桥梁突发事故应急处置工作,由市交通安全应急指挥部办公室或市应急办宣布应急结束。集团应急指挥组办公室协助做好应急结束工作。

6.4.3 信息管理

1)信息监测

桥梁养护单位和施工单位及时收集、分析、汇总桥梁突发事故日常信息及突发事故信息,向集团应急指挥组办公室报告。

2)信息报告内容

(1)在首报时报告事故的发生时间、地点、伤亡人数;事故初步性质发生的可能原因等,填写“桥梁突发事故报告表”(附录I)。

(2)在续报时报告事故发展趋势、人员治疗与伤情变化情况、事故原因、已经或准备采取的处置措施。

(3)在总报时报告事故处理结果、整改情况、责任追究情况等。

3)信息报告程序

(1)首报。

①负责桥梁养护工作的养护单位发现或接获桥梁突发事故时,应立即向集团应急指挥组办公室和运营管理部报告,同时向122报警。

②二级公司或其他部门接到桥梁突发事故信息时,应立即向集团应急指挥组办公室报告。

③集团应急指挥组办公室接到有关运营桥梁发生突发事故报告后,应在迅速核实情况后向应急指挥组副组长报告,并立即上报市路政局,重大或特大桥梁突发事故可直接上报市交通安全应急指挥部办公室;同时应迅速通知突发事故应急指挥组相关成员赶赴现场,按预案组织应急抢险。

(2)续报。

①一般桥梁突发事故处置过程中,桥梁养护单位或施工单位应及时把事故发展变化情况向集团应急指挥组办公室报告,由应急指挥组办公室报应急指挥组上报市路政局。

②较大以上桥梁突发事故处置过程中,应急指挥组办公室同桥梁养护单位或施工单位协助现场指挥部收集事故发展变化情况上报。

(3)总报。

事故处置结束后,桥梁养护单位或施工单位应及时把事故处理结果向集团应急指挥组办公室报告,由应急指挥组办公室报应急指挥组上报市路政局。

4)信息发布和新闻报道

由宣传信息组配合市交通安全应急指挥部办公室进行对外宣传报道工作。

6.4.4 后期处理

1)善后处理

(1)现场清理工作由养护单位负责,污染物收集、处理工作在环保、环卫等专业部门的指导下,由养护单位配合实施。

(2)在现场指挥部的指挥下,抢险救援队伍负责协助民政、卫生医疗机构和公安交警等部门安置受灾人员、救治伤员、恢复治安和交通。

2)调查和总结

(1)应急抢险结束后,相关的办公室负责组织成立专门调查小组,由养护单位配合,对突发桥梁安全事件的原因及抢救结果进行调查,经专家审核和论证,报上级指挥小组确认。

(2)调查结束后,各相关部门应从建设、管理和养护等方面认真总结,定期整改,加强预警和防范,最大限度地避免类似事件发生。

3)监督检查与奖惩

(1)集团应急指挥组办公室和相关成员单位应对本部门应急人员、设施、装备等资源的落实情况每年进行一次检查。

(2)集团应急指挥组办公室应对在应急准备或响应过程中提出重大建议、实施效果显著,或有其他突出贡献的单位和个人给予奖励。

(3)对不按照规定制订应急预案、拒绝履行应急准备义务的,不按照规定报告、通报事件真实情况的,不服从命令和指挥,拒不执行本预案的,阻碍应急工作人员依法执行任务致使延误事件处置,造成重大影响的行为,集团应急指挥组办公室应依据有关规定,提请相关部门追究有关单位和个人的责任;构成犯罪的,依法追究刑事责任。

6.5　保障措施

6.5.1　通信与信息保障

集团应急指挥组、办公室和各成员单位联络电话 24 小时开通,保证信息及时畅通。

6.5.2　现场救援和工程抢险装备保障

集团指挥组办公室负责集团所管辖区域的数据库管理和装备的定期核查、补充和调配。各养护单位应制定并严格落实管理制度,确保装备处于良好的备战状态。

6.5.3　应急队伍保障

按职责范围,各养护单位分别成立各类专业应急抢险队伍和后备队伍,人员分工及组织架构报集团应急指挥组办公室备案,并由集团应急指挥组负责统一管理和培训,确保队伍具有较强的战斗力和应变能力。

6.5.4　物资保障

各养护单位分别统计应急抢险救援所需的物资储备,报首发集团备案。集团按照安全形势的特点,制订具体的物资储备、调用、购买和生产组织方案,协助制订增补物质的生产工艺流程,保证物资储备充足,满足应急抢险救援要求。

6.5.5 经费保障

桥梁管理养护中长期规划要求,安排专项资金用于桥梁突发安全事故应急抢险救援,专款专用,不得挪作他用。

6.5.6 技术储备与保障

根据首发集团实际情况,借鉴国内外经验,有针对性地定期组织专家研讨,提出切实可行的应对方案和处理措施,做到未雨绸缪,不断提高防范和应对桥梁安全事故的技术实力。

6.6 宣传、培训和演习

6.6.1 宣传

首发集团协助市交通安全应急指挥部办公室和市应急办通过各种媒体向社会广泛宣传预防突发桥梁安全事件、躲避危险、遇险自救等方面常识,提高公众的自我保护能力。并在公众媒体上公布24小时值班电话,拓宽信息收集渠道。

6.6.2 培训

桥梁养护单位应定期组织应急抢险救援队伍,按桥梁安全事故预测、预警要求进行相应的专业应急救援知识和技能培训。同时,有计划地安排应急抢险救援人员参加继续教育,以提高应急抢险救援人员的综合素质,适应不断变化的应急抢险救援要求。

6.6.3 演习

按照本预案,应急指挥组办公室应针对性地组织抢险队伍开展演习。根据实际需要和桥梁安全事故响应级别,一、二级每3年开展一次,三、四级每年开展一次。各养护单位应根据具体情况定期进行演练。演习结束后,组织单位应及时进行总结,查找薄弱环节,认真进行整改,不断提高队伍的实战水平。

第 7 章　桥梁档案管理及信息化配套实施细则

7.1　一般规定

(1)搜集桥梁及其跨越河道的历史情况和技术资料。对桥梁设计、施工中存在的问题和运营后产生的病害、损坏等,以及为解决这些问题采取的加固、改善等措施,均应在技术档案中详细记载,以便对设备的情况有一个系统的、全面的了解,并为设备的运用和改善提供科学的依据。

(2)建立详细的桥梁档案。桥梁档案包括:项目批示、相关协议书、施工合同、施工日志、设计及竣工图纸、各类相关文件、管理办法、请示报告、工程决算、验收意见、财产移交表、审计报表、新旧照片等静态的书面材料,还应收集养护过程的动态材料,如:日常及经常检查的情况记录表、特殊检查记录、等级评定资料、病害的发展图片等。

(3)建立桥梁养护台账。建立桥梁养护台账是掌握桥梁病害发展动态的重要手段,可以及时了解桥梁病害的发展趋势以及发展速度,为及时地对桥梁进行维护、维修提供有效依据。

(4)配备应用桥梁管理系统对桥涵实行管理。要将检查记录及数据(包括多媒体数据)、处理方式及结果等内容及时登录管理系统,实行动态管理。

(5)桥梁养护单位负责收集、整理、校核辖区内桥梁的历史情况和技术资料;负责收集、整理桥梁日常检查、养护资料;负责建立桥梁养护台账。

(6)首发集团负责收集、整理、归档、建立详细的桥梁档案;负责桥梁管理系统数据的收集、整理、录入、统计、分析等工作。

7.2　桥梁档案管理

1)养护单位负责工作

(1)桥梁基本资料档案管理。

①针对新建桥梁,根据桥梁设计施工情况,建立桥梁基本资料。

②针对旧桥,在日常养护工作中,核对桥梁基本资料。

③旧桥改扩建后,及时更新桥梁基本资料。

④养护单位整理存档,并上报首发集团存档备案。

(2)桥梁日常养护资料档案管理。

①在日常检查工作中,填写桥梁日常检查记录表,建立桥梁日常检查资料档案。

②在日常养护工作中,填写桥梁日常维护记录表,建立桥梁日常维护资料档案。

③在日常养护工作中,建立桥梁养护台账,包括常见病害、维护措施、工艺、材料、机具、人员、经费等。

④养护单位整理存档,并上报首发集团存档备案。

(3)养护工作文件资料档案管理。

①首发集团下发的养护工作相关的各类行政管理文件,分类归档。

②养护单位应收集、整理与首发集团往来的相关养护工作文件资料,分类归档。

2)首发集团负责工作

(1)桥梁基本资料档案。

根据养护单位上报的桥梁基本资料档案,按养护单位路线划分,进行归档。

(2)桥梁日常养护资料档案。

根据养护单位上报的桥梁日常养护资料档案,按养护单位和路线划分,进行归档。

(3)桥梁专项养护工程技术档案。

①桥梁定期检查资料档案:根据委托承担定期检查的专业单位上报的桥梁定期检查报告,整理后,按路线划分,进行归档。

②桥梁特殊检查资料档案:根据委托承担特殊检查的专业单位上报的桥梁特殊检查方案、特殊检查报告,整理后,按路线划分,每个桥梁单独归档。

③桥梁专项维护工程资料档案:根据委托承担特殊检查的专业单位上报的桥梁专项维护工程方案、设计文件、施工图、施工组织计划、竣工文件、竣工图等资料,按路线划分,每个桥梁单独归档。

(4)桥梁专项养护工程管理档案。

按路线划分,每个桥梁的专项养护工程管理档案单独存档,包括:

①专项养护工程计划文件;

②专项养护工程招投标文件;

③专项养护工程评审文件;

④专项养护工程开工许可文件;

⑤专项养护工程竣工验收文件;

⑥专项养护工程资金管理文件。

(5)养护工作文件资料档案管理。

①首发集团下发到养护单位的养护工作相关的各类行政管理文件,分类归档。

②养护单位应收集、整理与首发集团往来的相关养护工作文件资料,分类归档。

7.3 桥梁信息化管理

桥梁信息化管理是现代桥梁养护管理的大势所趋,应利用交通运输部推广的桥梁管理系统(CBMS)来实现桥梁的信息化管理。

(1)CBMS 系统是一门综合管理技术,它基于桥梁结构工程病害机理、检测技术和数据采集技术,运用计算机系统所提供的数据处理功能、评价决策方法和管理学理论,对现有桥梁进行状况登记、评价分析、投资决策和状态预测。

(2)建立 CBMS 系统能够全面地收集、储存和处理各类桥梁数据资源,通过系统提供模型和功能的运行,用户可以直观地了解桥梁的过去、当前和将来若干年内的运营状况,从而合理安排有限的养护资金,及时、经济、有效地对桥梁实施养护和维修,达到延长桥梁使用寿命,充分发挥桥梁的运营效能,确保交通运输安全畅通。

(3)科学完善的桥梁养护管理系统一般应包括以下内容:

①现有桥梁状况数据。

②现有桥梁使用状况的评价以及养护方法和养护对策。

③在养护费用一定情况下,桥梁养护的优先次序。

④桥梁状况的预测,为编制中长期养护计划提供决策依据。

(4)桥梁养护管理系统的工作流程如图 7.3-1 所示。

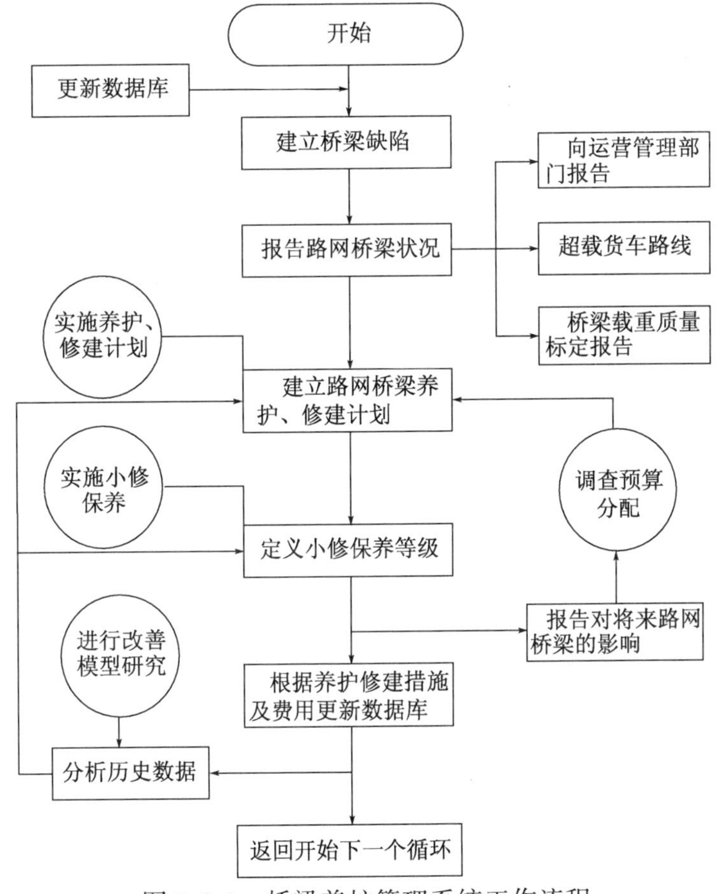

图 7.3-1　桥梁养护管理系统工作流程

附录 A 桥梁基本状况卡片

表 A 桥梁基本状况卡片

A	桥梁所处行政区划代码:							
B	行政识别数据							
1	路线编号		2	路线名称		3	路线等级	
4	桥梁编号		5	桥梁名称		6	桥位桩号	
7	功能等级		8	被跨越道路名称		9	被跨越道路桩号	
10	设计荷载		11	桥梁坡度		12	桥梁平曲线半径	
13	建成时间		14	设计单位		15	施工单位	
16	监理单位		17	业主单位		18	管养单位	
C	桥梁技术指标							
19	桥梁全长(m)		20	桥面总宽(m)		21	车行道宽(m)	
22	人行道宽度(m)		23	护栏或防撞墙高度(m)		24	中央分隔带宽度(m)	
25	桥面标准净空(m)		26	桥面实际净空(m)		27	桥下通航等级及标准净空(m)	
28	桥下实际净空(m)		29	引道总宽(m)		30	引道线形或曲线半径(m)	
31	设计洪水频率及其水位		32	历史洪水位		33	设计地震动峰值加速度系数	
34	桥面高程(m)							
D	桥梁结构信息							
35	桥梁分孔(m)							
36	结构体系							

续上表

D　桥梁结构信息			
上部结构形式与材料	37	主梁	
	38	主拱圈	
	39	桥(索)塔	
	40	拱上建筑	
	41	主缆	
	42	斜拉索(含索力)	
	43	吊杆(含索力)	
	44	系杆(含索力)	
桥面系形式与材料	45	桥面铺装	
	46	伸缩装置	
	47	人行道、路缘	
	48	栏杆、护栏	
	49	照明、标志	
下部结构形式与材料	50	桥台	
	51	桥墩	
	52	锥坡、护坡	
	53	翼墙、耳墙	
基础形式与材料	54	基础	
	55	锚碇	
支座形式、材料与附属设施	56	支座	
	57	桥梁防撞设施	
	58	航标及排水系统	
	…	…	
	59	调治构造物	

续上表

E　桥梁档案资料								
60	设计图纸		61	设计文件		62	竣工图纸	
63	施工文件 (含施工缺陷处理)		64	验收文件		65	行政审批文件	
66	定期检查资料		67	特殊检查资料		68	历次维修、加固资料	
69	其他档案		70	档案形式		71	建档时间(年/月)	

F　桥梁检测评定历史(根据需要设置行数)				
72	73	74	75	76
评定时间	检测类别	桥梁技术状况评定结果/特殊检查结论	处治对策	下次检测时间

G　养护处治记录(根据需要设置行数)										
77	78	79	80	81	82	83	84	85	86	87
时间(段)	处治类别(维修、加固、改造)	处治原因	处治范围	工程费用 (万元)	经费来源	处治质量评定	建设单位	设计单位	施工单位	监理单位

续上表

<table>
<tr><td colspan="9">H　需要说明的事项（含桥梁管养单位的变更情况）</td></tr>
<tr><td>88</td><td colspan="8"></td></tr>
<tr><td colspan="9">I　其他</td></tr>
<tr><td>89</td><td>桥梁总体照片</td><td colspan="2">（照片）</td><td>90</td><td colspan="2">桥梁正面照片</td><td colspan="2">（照片）</td></tr>
<tr><td>91</td><td>桥梁工程师</td><td></td><td>92</td><td>填卡人</td><td></td><td>93</td><td>填卡日期</td><td>年　月　日</td></tr>
</table>

附录 B　桥梁定期检查记录表

表 B-1　桥梁定期检查记录表(梁桥)

公路管理机构名称:					
1　路线编号		2　路线名称		3　桥位桩号	
4　桥梁编号		5　桥梁名称		6　被跨越道路名称	
7　桥梁全长(m)		8　主跨结构		9　最大跨径(m)	
10　管养单位		11　建成时间		12　上次修复养护时间	
13　上次检查时间		14　本次检查时间		15　本次检查时气候及环境温度	

序号	16　部位	17　部件名称	18　评分	19　缺损					20　养护建议(维修范围、方式、时间)	21　是否需特殊检查
				类型	位置	范围	照片	最不利构件		
1	桥面系	桥面铺装								
2		伸缩装置								
3		排水系统								
4		人行道								
5		栏杆、护栏								
6		照明、标志								
7		桥路连接处								
8	上部结构	主要承重构件								
9		一般构件								
10	下部结构	桥墩及基础								
11		桥台及基础								
12		翼墙、耳墙								
13		锥坡、护坡								
14	支座									
15	附属设施	防撞设施								
16		防雷设施								
17		防抛网、声屏障								
18		检修设施								
19		监测系统、永久观测点								
20	调治构造物									
21	其他									

22　桥梁技术状况评定等级		23　全桥清洁状况		24　预防及修复养护状况	
25　记录人		26　负责人		27　下次检查时间	

表 B-2　桥梁定期检查记录表(板拱桥、肋拱桥、箱形拱桥、双曲拱桥)

<table>
<tr><td colspan="6">公路管理机构名称：</td></tr>
<tr><td>1　路线编号</td><td></td><td>2　路线名称</td><td></td><td>3　桥位桩号</td><td></td></tr>
<tr><td>4　桥梁编号</td><td></td><td>5　桥梁名称</td><td></td><td>6　被跨越道路名称</td><td></td></tr>
<tr><td>7　桥梁全长(m)</td><td></td><td>8　主跨结构</td><td></td><td>9　最大跨径(m)</td><td></td></tr>
<tr><td>10　管养单位</td><td></td><td>11　建成时间</td><td></td><td>12　上次修复养护时间</td><td></td></tr>
<tr><td>13　上次检查时间</td><td></td><td>14　本次检查时间</td><td></td><td>15　本次检查时气候及环境温度</td><td></td></tr>
</table>

<table>
<tr><td rowspan="2">序号</td><td rowspan="2">16　部位</td><td rowspan="2">17　部件名称</td><td rowspan="2">18　评分</td><td colspan="5">19　缺损</td><td rowspan="2">20　养护建议(维修范围、方式、时间)</td><td rowspan="2">21　是否需特殊检查</td></tr>
<tr><td>类型</td><td>位置</td><td>范围</td><td>照片</td><td>最不利构件</td></tr>
<tr><td>1</td><td rowspan="7">桥面系</td><td>桥面铺装</td><td></td><td></td><td></td><td></td><td></td><td></td><td></td><td></td></tr>
<tr><td>2</td><td>伸缩装置</td><td></td><td></td><td></td><td></td><td></td><td></td><td></td><td></td></tr>
<tr><td>3</td><td>排水系统</td><td></td><td></td><td></td><td></td><td></td><td></td><td></td><td></td></tr>
<tr><td>4</td><td>人行道</td><td></td><td></td><td></td><td></td><td></td><td></td><td></td><td></td></tr>
<tr><td>5</td><td>栏杆、护栏</td><td></td><td></td><td></td><td></td><td></td><td></td><td></td><td></td></tr>
<tr><td>6</td><td>照明、标志</td><td></td><td></td><td></td><td></td><td></td><td></td><td></td><td></td></tr>
<tr><td>7</td><td>桥路连接处</td><td></td><td></td><td></td><td></td><td></td><td></td><td></td><td></td></tr>
<tr><td>8</td><td rowspan="3">上部结构</td><td>主拱圈</td><td></td><td></td><td></td><td></td><td></td><td></td><td></td><td></td></tr>
<tr><td>9</td><td>拱上结构</td><td></td><td></td><td></td><td></td><td></td><td></td><td></td><td></td></tr>
<tr><td>10</td><td>桥面板</td><td></td><td></td><td></td><td></td><td></td><td></td><td></td><td></td></tr>
<tr><td>11</td><td rowspan="4">下部结构</td><td>桥墩及基础</td><td></td><td></td><td></td><td></td><td></td><td></td><td></td><td></td></tr>
<tr><td>12</td><td>桥台及基础</td><td></td><td></td><td></td><td></td><td></td><td></td><td></td><td></td></tr>
<tr><td>13</td><td>翼墙、耳墙</td><td></td><td></td><td></td><td></td><td></td><td></td><td></td><td></td></tr>
<tr><td>14</td><td>锥坡、护坡</td><td></td><td></td><td></td><td></td><td></td><td></td><td></td><td></td></tr>
<tr><td>15</td><td rowspan="5">附属设施</td><td>防撞设施</td><td></td><td></td><td></td><td></td><td></td><td></td><td></td><td></td></tr>
<tr><td>16</td><td>防雷设施</td><td></td><td></td><td></td><td></td><td></td><td></td><td></td><td></td></tr>
<tr><td>17</td><td>防抛网、声屏障</td><td></td><td></td><td></td><td></td><td></td><td></td><td></td><td></td></tr>
<tr><td>18</td><td>检修设施</td><td></td><td></td><td></td><td></td><td></td><td></td><td></td><td></td></tr>
<tr><td>19</td><td>监测系统、永久观测点</td><td></td><td></td><td></td><td></td><td></td><td></td><td></td><td></td></tr>
<tr><td>20</td><td colspan="2">调治构造物</td><td></td><td></td><td></td><td></td><td></td><td></td><td></td><td></td></tr>
<tr><td>21</td><td colspan="2">其他</td><td></td><td></td><td></td><td></td><td></td><td></td><td></td><td></td></tr>
</table>

<table>
<tr><td>22　桥梁技术状况评定等级</td><td></td><td>23　全桥清洁状况</td><td></td><td>24　预防及修复养护状况</td><td></td></tr>
<tr><td>25　记录人</td><td></td><td>26　负责人</td><td></td><td>27　下次检查时间</td><td></td></tr>
</table>

表 B-3　桥梁定期检查记录表(刚架拱桥、桁架拱桥)

<table>
<tr><td colspan="13">公路管理机构名称：</td></tr>
<tr><td colspan="3">1　路线编号</td><td></td><td colspan="3">2　路线名称</td><td colspan="2"></td><td colspan="2">3　桥位桩号</td><td colspan="2"></td></tr>
<tr><td colspan="3">4　桥梁编号</td><td></td><td colspan="3">5　桥梁名称</td><td colspan="2"></td><td colspan="2">6　被跨越道路名称</td><td colspan="2"></td></tr>
<tr><td colspan="3">7　桥梁全长(m)</td><td></td><td colspan="3">8　主跨结构</td><td colspan="2"></td><td colspan="2">9　最大跨径(m)</td><td colspan="2"></td></tr>
<tr><td colspan="3">10　管养单位</td><td></td><td colspan="3">11　建成时间</td><td colspan="2"></td><td colspan="2">12　上次修复养护时间</td><td colspan="2"></td></tr>
<tr><td colspan="3">13　上次检查时间</td><td></td><td colspan="3">14　本次检查时间</td><td colspan="2"></td><td colspan="2">15　本次检查时气候及环境温度</td><td colspan="2"></td></tr>
<tr><td rowspan="2">序号</td><td rowspan="2">16　部位</td><td rowspan="2">17　部件名称</td><td rowspan="2">18　评分</td><td colspan="5">19　缺损</td><td rowspan="2" colspan="2">20　养护建议(维修范围、方式、时间)</td><td rowspan="2" colspan="2">21　是否需特殊检查</td></tr>
<tr><td>类型</td><td>位置</td><td>范围</td><td>照片</td><td>最不利构件</td></tr>
<tr><td>1</td><td rowspan="7">桥面系</td><td>桥面铺装</td><td></td><td></td><td></td><td></td><td></td><td></td><td colspan="2"></td><td colspan="2"></td></tr>
<tr><td>2</td><td>伸缩装置</td><td></td><td></td><td></td><td></td><td></td><td></td><td colspan="2"></td><td colspan="2"></td></tr>
<tr><td>3</td><td>排水系统</td><td></td><td></td><td></td><td></td><td></td><td></td><td colspan="2"></td><td colspan="2"></td></tr>
<tr><td>4</td><td>人行道</td><td></td><td></td><td></td><td></td><td></td><td></td><td colspan="2"></td><td colspan="2"></td></tr>
<tr><td>5</td><td>栏杆、护栏</td><td></td><td></td><td></td><td></td><td></td><td></td><td colspan="2"></td><td colspan="2"></td></tr>
<tr><td>6</td><td>照明、标志</td><td></td><td></td><td></td><td></td><td></td><td></td><td colspan="2"></td><td colspan="2"></td></tr>
<tr><td>7</td><td>桥路连接处</td><td></td><td></td><td></td><td></td><td></td><td></td><td colspan="2"></td><td colspan="2"></td></tr>
<tr><td>8</td><td rowspan="3">上部结构</td><td>拱片</td><td></td><td></td><td></td><td></td><td></td><td></td><td colspan="2"></td><td colspan="2"></td></tr>
<tr><td>9</td><td>横向联结系</td><td></td><td></td><td></td><td></td><td></td><td></td><td colspan="2"></td><td colspan="2"></td></tr>
<tr><td>10</td><td>桥面板</td><td></td><td></td><td></td><td></td><td></td><td></td><td colspan="2"></td><td colspan="2"></td></tr>
<tr><td>11</td><td rowspan="4">下部结构</td><td>桥墩及基础</td><td></td><td></td><td></td><td></td><td></td><td></td><td colspan="2"></td><td colspan="2"></td></tr>
<tr><td>12</td><td>桥台及基础</td><td></td><td></td><td></td><td></td><td></td><td></td><td colspan="2"></td><td colspan="2"></td></tr>
<tr><td>13</td><td>翼墙、耳墙</td><td></td><td></td><td></td><td></td><td></td><td></td><td colspan="2"></td><td colspan="2"></td></tr>
<tr><td>14</td><td>锥坡、护坡</td><td></td><td></td><td></td><td></td><td></td><td></td><td colspan="2"></td><td colspan="2"></td></tr>
<tr><td>15</td><td rowspan="5">附属设施</td><td>防撞设施</td><td></td><td></td><td></td><td></td><td></td><td></td><td colspan="2"></td><td colspan="2"></td></tr>
<tr><td>16</td><td>防雷设施</td><td></td><td></td><td></td><td></td><td></td><td></td><td colspan="2"></td><td colspan="2"></td></tr>
<tr><td>17</td><td>防抛网、声屏障</td><td></td><td></td><td></td><td></td><td></td><td></td><td colspan="2"></td><td colspan="2"></td></tr>
<tr><td>18</td><td>检修设施</td><td></td><td></td><td></td><td></td><td></td><td></td><td colspan="2"></td><td colspan="2"></td></tr>
<tr><td>19</td><td>监测系统、永久观测点</td><td></td><td></td><td></td><td></td><td></td><td></td><td colspan="2"></td><td colspan="2"></td></tr>
<tr><td>20</td><td colspan="2">调治构造物</td><td></td><td></td><td></td><td></td><td></td><td></td><td colspan="2"></td><td colspan="2"></td></tr>
<tr><td>21</td><td colspan="2">其他</td><td></td><td></td><td></td><td></td><td></td><td></td><td colspan="2"></td><td colspan="2"></td></tr>
<tr><td colspan="3">22　桥梁技术状况评定等级</td><td></td><td colspan="3">23　全桥清洁状况</td><td colspan="2"></td><td colspan="2">24　预防及修复养护状况</td><td colspan="2"></td></tr>
<tr><td colspan="3">25　记录人</td><td></td><td colspan="3">26　负责人</td><td colspan="2"></td><td colspan="2">27　下次检查时间</td><td colspan="2"></td></tr>
</table>

表 B-4　桥梁定期检查记录表(钢-混凝土组合拱桥)

<table>
<tr><td colspan="12">公路管理机构名称：</td></tr>
<tr><td colspan="3">1　路线编号</td><td></td><td colspan="3">2　路线名称</td><td></td><td colspan="2">3　桥位桩号</td><td colspan="2"></td></tr>
<tr><td colspan="3">4　桥梁编号</td><td></td><td colspan="3">5　桥梁名称</td><td></td><td colspan="2">6　被跨越道路名称</td><td colspan="2"></td></tr>
<tr><td colspan="3">7　桥梁全长(m)</td><td></td><td colspan="3">8　主跨结构</td><td></td><td colspan="2">9　最大跨径(m)</td><td colspan="2"></td></tr>
<tr><td colspan="3">10　管养单位</td><td></td><td colspan="3">11　建成时间</td><td></td><td colspan="2">12　上次修复养护时间</td><td colspan="2"></td></tr>
<tr><td colspan="3">13　上次检查时间</td><td></td><td colspan="3">14　本次检查时间</td><td></td><td colspan="2">15　本次检查时气候及环境温度</td><td colspan="2"></td></tr>
<tr><td rowspan="2">序号</td><td rowspan="2">16　部位</td><td rowspan="2">17　部件名称</td><td rowspan="2">18　评分</td><td colspan="5">19　缺损</td><td rowspan="2">20　养护建议(维修范围、方式、时间)</td><td rowspan="2">21　是否需特殊检查</td></tr>
<tr><td>类型</td><td>位置</td><td>范围</td><td>照片</td><td>最不利构件</td></tr>
<tr><td>1</td><td rowspan="7">桥面系</td><td>桥面铺装</td><td></td><td></td><td></td><td></td><td></td><td></td><td></td><td></td></tr>
<tr><td>2</td><td>伸缩装置</td><td></td><td></td><td></td><td></td><td></td><td></td><td></td><td></td></tr>
<tr><td>3</td><td>排水系统</td><td></td><td></td><td></td><td></td><td></td><td></td><td></td><td></td></tr>
<tr><td>4</td><td>人行道</td><td></td><td></td><td></td><td></td><td></td><td></td><td></td><td></td></tr>
<tr><td>5</td><td>栏杆、护栏</td><td></td><td></td><td></td><td></td><td></td><td></td><td></td><td></td></tr>
<tr><td>6</td><td>照明、标志</td><td></td><td></td><td></td><td></td><td></td><td></td><td></td><td></td></tr>
<tr><td>7</td><td>桥路连接处</td><td></td><td></td><td></td><td></td><td></td><td></td><td></td><td></td></tr>
<tr><td>8</td><td rowspan="7">上部结构</td><td>拱肋</td><td></td><td></td><td></td><td></td><td></td><td></td><td></td><td></td></tr>
<tr><td>9</td><td>横向联结系</td><td></td><td></td><td></td><td></td><td></td><td></td><td></td><td></td></tr>
<tr><td>10</td><td>吊杆</td><td></td><td></td><td></td><td></td><td></td><td></td><td></td><td></td></tr>
<tr><td>11</td><td>立柱</td><td></td><td></td><td></td><td></td><td></td><td></td><td></td><td></td></tr>
<tr><td>12</td><td>系杆</td><td></td><td></td><td></td><td></td><td></td><td></td><td></td><td></td></tr>
<tr><td>13</td><td>桥面板</td><td></td><td></td><td></td><td></td><td></td><td></td><td></td><td></td></tr>
<tr><td>14</td><td>支座</td><td></td><td></td><td></td><td></td><td></td><td></td><td></td><td></td></tr>
<tr><td>15</td><td rowspan="4">下部结构</td><td>桥墩及基础</td><td></td><td></td><td></td><td></td><td></td><td></td><td></td><td></td></tr>
<tr><td>16</td><td>桥台及基础</td><td></td><td></td><td></td><td></td><td></td><td></td><td></td><td></td></tr>
<tr><td>17</td><td>翼墙、耳墙</td><td></td><td></td><td></td><td></td><td></td><td></td><td></td><td></td></tr>
<tr><td>18</td><td>锥坡、护坡</td><td></td><td></td><td></td><td></td><td></td><td></td><td></td><td></td></tr>
<tr><td>19</td><td rowspan="5">附属设施</td><td>防撞设施</td><td></td><td></td><td></td><td></td><td></td><td></td><td></td><td></td></tr>
<tr><td>20</td><td>防雷设施</td><td></td><td></td><td></td><td></td><td></td><td></td><td></td><td></td></tr>
<tr><td>21</td><td>防抛网、声屏障</td><td></td><td></td><td></td><td></td><td></td><td></td><td></td><td></td></tr>
<tr><td>22</td><td>检修设施</td><td></td><td></td><td></td><td></td><td></td><td></td><td></td><td></td></tr>
<tr><td>23</td><td>监测系统、永久观测点</td><td></td><td></td><td></td><td></td><td></td><td></td><td></td><td></td></tr>
<tr><td>24</td><td colspan="2">调治构造物</td><td></td><td></td><td></td><td></td><td></td><td></td><td></td><td></td></tr>
<tr><td>25</td><td colspan="2">其他</td><td></td><td></td><td></td><td></td><td></td><td></td><td></td><td></td></tr>
<tr><td colspan="3">22　桥梁技术状况评定等级</td><td></td><td colspan="3">23　全桥清洁状况</td><td></td><td colspan="2">24　预防及修复养护状况</td><td colspan="2"></td></tr>
<tr><td colspan="3">25　记录人</td><td></td><td colspan="3">26　负责人</td><td></td><td colspan="2">27　下次检查时间</td><td colspan="2"></td></tr>
</table>

表 B-5　桥梁定期检查记录表(斜拉桥)

公路管理机构名称:

1　路线编号		2　路线名称		3　桥位桩号	
4　桥梁编号		5　桥梁名称		6　被跨越道路名称	
7　桥梁全长(m)		8　主跨结构		9　最大跨径(m)	
10　管养单位		11　建成时间		12　上次修复养护时间	
13　上次检查时间		14　本次检查时间		15　本次检查时气候及环境温度	

序号	16　部位	17　部件名称	18　评分	19　缺损					20　养护建议(维修范围、方式、时间)	21　是否需特殊检查
				类型	位置	范围	照片	最不利构件		
1	桥面系	桥面铺装								
2		伸缩装置								
3		排水系统								
4		人行道								
5		栏杆、护栏								
6		照明、标志								
7		桥路连接处								
8	上部结构	主梁								
9		斜拉索系统(斜拉索、锚具、拉索护套、减振装置等)								
10		索塔								
11		支座								
12	下部结构	桥墩及基础								
13		桥台及基础								
14		翼墙、耳墙								
15		锥坡、护坡								
16	附属设施	防撞设施								
17		防雷设施								
18		防抛网、声屏障								
19		检修设施								
20		监测系统、永久观测点								
21	调治构造物									
22	其他									

22　桥梁技术状况评定等级		23　全桥清洁状况		24　预防及修复养护状况	
25　记录人		26　负责人		27　下次检查时间	

表 B-6　桥梁定期检查记录表(悬索桥)

公路管理机构名称:					
1　路线编号		2　路线名称		3　桥位桩号	
4　桥梁编号		5　桥梁名称		6　被跨越道路名称	
7　桥梁全长(m)		8　主跨结构		9　最大跨径(m)	
10　管养单位		11　建成时间		12　上次修复养护时间	
13　上次检查时间		14　本次检查时间		15　本次检查时气候及环境温度	

序号	16　部位	17　部件名称	18　评分	19　缺损					20　养护建议(维修范围、方式、时间)	21　是否需特殊检查
				类型	位置	范围	照片	最不利构件		
1	桥面系	桥面铺装								
2		伸缩装置								
3		排水系统								
4		人行道								
5		栏杆、护栏								
6		照明、标志								
7		桥路连接处								
8	上部结构	加劲梁								
9		索塔								
10		主缆								
11		索鞍								
12		索夹								
13		吊杆系统(吊杆、锚具、护套)								
14	下部结构	锚碇								
15		墩身及基础								
16		散索鞍								
17		锚杆								
18		桥台及基础								
19		翼墙、耳墙								
20		锥坡、护坡								
21	附属设施	防撞设施								
22		防雷设施								
23		防抛网、声屏障								
24		检修设施								
25		监测系统、永久观测点								
26	调治构造物									
27	其他									

22　桥梁技术状况评定等级		23　全桥清洁状况		24　预防及修复养护状况	
25　记录人		26　负责人		27　下次检查时间	

附录 C　桥梁初始检查记录表

表 C　桥梁初始检查记录表

<table>
<tr><td colspan="6">(公路管理机构名称)</td></tr>
<tr><td>1　路线编号</td><td></td><td>2　路线名称</td><td></td><td>3　桥位桩号</td><td></td></tr>
<tr><td>4　桥梁编号</td><td></td><td>5　桥梁名称</td><td></td><td>6　被跨越道路名称</td><td></td></tr>
<tr><td>7　被跨越道路桩号</td><td></td><td>8　桥梁全长(m)</td><td></td><td>9　最大跨径(m)</td><td></td></tr>
<tr><td>10　上、下部结构形式</td><td colspan="5"></td></tr>
<tr><td>11　桥梁分联及跨径组合</td><td colspan="5"></td></tr>
<tr><td>12　桥梁施工方法</td><td colspan="5"></td></tr>
<tr><td>13　新建桥梁在施工过程中的返工、维修或加固情况</td><td colspan="5"></td></tr>
<tr><td>14　加固改造后的桥梁,加固改造情况</td><td colspan="5"></td></tr>
<tr><td>15　档案资料不齐全的桥梁,维修加固情况</td><td colspan="5"></td></tr>
<tr><td>16　设计单位</td><td colspan="2"></td><td colspan="2">17　施工单位</td><td></td></tr>
<tr><td>18　管养单位</td><td colspan="2"></td><td colspan="2">19　交工时间(年　月　日)</td><td></td></tr>
<tr><td>20　初始检查(年　月　日)</td><td colspan="2"></td><td colspan="2">21　初始检查时的气候及环境温度</td><td></td></tr>
<tr><td>22　桥面高程</td><td colspan="5"></td></tr>
<tr><td>23　拱轴线</td><td colspan="5"></td></tr>
<tr><td>24　主缆线形</td><td colspan="5"></td></tr>
<tr><td>25　墩、台身、锚碇高程</td><td colspan="5"></td></tr>
<tr><td>26　墩、台身、索塔倾斜度</td><td colspan="5"></td></tr>
<tr><td>27　索塔水平变位、高程</td><td colspan="5"></td></tr>
<tr><td>28　拱桥桥台、悬索桥锚碇水平位移</td><td colspan="5"></td></tr>
<tr><td>29　悬索桥索夹螺栓紧固力</td><td colspan="5"></td></tr>
</table>

续上表

（公路管理机构名称）			
30　水中基础			
31　斜拉索或吊杆索力			
32　主要承重构件尺寸			
33　材质强度			
34　保护层厚度			
35　钢管混凝土管内混凝土密实度			
36　静载试验结果			
37　动载试验结果			
38　记录人		39　桥梁工程师	
40　桥梁初始检查机构			

附录 D　桥梁经常检查记录表

表 D　桥梁经常检查记录表

公路管理机构名称：					
1　路线编号		2　路线名称		3　桥位桩号	
4　桥梁编号		5　桥梁名称		6　养护单位	
7　检查项目	缺损类型	缺损范围		处治建议	
8　主梁					
9　主拱圈					
10　拱上建筑					
11　桥(索)塔(含索鞍)					
12　主缆					
13　斜拉索					
14　吊杆					
15　系杆					
16　桥面铺装					
17　伸缩装置					
18　人行道、路缘					
19　栏杆、护栏					
20　标志、标线					
21　排水系统					
22　照明系统					
23　桥台及基础(含冲刷)					
24　桥墩及基础(含冲刷)					
25　锚碇(含散索鞍、锚杆)					
26　支座					
27　翼墙(耳墙、侧墙)					
28　锥坡、护坡					
29　桥路连接处(桥头搭板)					
30　航标、防撞设施					
31　调治构造物					
32　减振装置					
33　其他					
34　负责人		35　记录人		36　检查日期	年　月　日

附录 E　桥梁特殊检查记录表

表 E　桥梁特殊检查记录表

<table>
<tr><td colspan="6">公路管理机构名称：</td></tr>
<tr><td>1　路线编号</td><td></td><td>2　路线名称</td><td></td><td>3　桥位桩号</td><td></td></tr>
<tr><td>4　桥梁编号</td><td></td><td>5　桥梁名称</td><td></td><td>6　被跨越道路(通道)名称</td><td></td></tr>
<tr><td>7　桥梁全长(m)</td><td></td><td>8　上部结构形式</td><td></td><td>9　最大跨径(m)</td><td></td></tr>
<tr><td>10　管养单位</td><td></td><td>11　建成时间</td><td></td><td>12　上次检测时间</td><td></td></tr>
<tr><td>13　上次特殊检查项目</td><td colspan="5"></td></tr>
<tr><td>14　本次特殊检查时间(年　月　日)</td><td colspan="3"></td><td>15　检查时的气候及环境温度</td><td></td></tr>
<tr><td>16　本次特殊检查类型</td><td colspan="5">(承载力检测、水下检测、抗灾能力检测、灾后检测、耐久性检测等)</td></tr>
<tr><td>检测项目</td><td colspan="5">检测结果</td></tr>
<tr><td></td><td colspan="5"></td></tr>
<tr><td></td><td colspan="5"></td></tr>
<tr><td></td><td colspan="5"></td></tr>
<tr><td></td><td colspan="5"></td></tr>
<tr><td></td><td colspan="5"></td></tr>
<tr><td></td><td colspan="5"></td></tr>
<tr><td>评定结论</td><td colspan="5"></td></tr>
<tr><td>记录人</td><td colspan="3"></td><td>负责人</td><td></td></tr>
<tr><td>特殊检查完成机构</td><td colspan="5"></td></tr>
</table>

附录 F　涵洞经常检查记录表

表 F　涵洞经常检查记录表

<table>
<tr><td>1　路线编号</td><td></td><td>2　路线名称</td><td></td><td>3　行政区划</td><td></td></tr>
<tr><td>4　中心桩号</td><td></td><td>5　涵洞类型</td><td></td><td>6　养护单位</td><td></td></tr>
<tr><td>7　部件编号</td><td>缺损类型</td><td colspan="2">缺损范围</td><td colspan="2">保养措施意见</td></tr>
<tr><td>8　盖板</td><td></td><td colspan="2"></td><td colspan="2"></td></tr>
<tr><td>9　涵台</td><td></td><td colspan="2"></td><td colspan="2"></td></tr>
<tr><td>10　圆管涵涵身</td><td></td><td colspan="2"></td><td colspan="2"></td></tr>
<tr><td>11　箱涵涵身</td><td></td><td colspan="2"></td><td colspan="2"></td></tr>
<tr><td>12　八字墙</td><td></td><td colspan="2"></td><td colspan="2"></td></tr>
<tr><td>13　一字墙</td><td></td><td colspan="2"></td><td colspan="2"></td></tr>
<tr><td>14　截水墙</td><td></td><td colspan="2"></td><td colspan="2"></td></tr>
<tr><td>15　边沟</td><td></td><td colspan="2"></td><td colspan="2"></td></tr>
<tr><td>16　涵底铺砌</td><td></td><td colspan="2"></td><td colspan="2"></td></tr>
<tr><td>17　涵附近填土</td><td></td><td colspan="2"></td><td colspan="2"></td></tr>
<tr><td>18　标志、照明</td><td></td><td colspan="2"></td><td colspan="2"></td></tr>
<tr><td>19　其他</td><td></td><td colspan="2"></td><td colspan="2"></td></tr>
<tr><td colspan="6">备注:</td></tr>
<tr><td>负责人</td><td></td><td>记录人</td><td></td><td>检查日期</td><td></td></tr>
</table>

附录 G　涵洞基本状况卡片

表 G　涵洞基本状况卡片

<table>
<tr><td colspan="8">A　公路管理机构名称：</td></tr>
<tr><td>1　路线编号</td><td></td><td colspan="2">2　路线名称</td><td></td><td colspan="2">3　路线等级</td><td></td></tr>
<tr><td>4　中心桩号</td><td></td><td colspan="2">5　功能类型</td><td></td><td colspan="2">6　结构形式</td><td></td></tr>
<tr><td>7　设计荷载</td><td></td><td colspan="2">8　管养单位</td><td></td><td colspan="2">9　建成时间</td><td></td></tr>
<tr><td colspan="8">B　结构技术数据</td></tr>
<tr><td>10　涵身长度(m)</td><td></td><td colspan="2">11　孔径(m)</td><td></td><td colspan="2">12　净高(m)</td><td></td></tr>
<tr><td>13　进口形式</td><td></td><td colspan="2">14　出口形式</td><td></td><td colspan="2">15　基础形式</td><td></td></tr>
<tr><td>16　涵底纵坡</td><td></td><td colspan="2">17　涵底铺砌</td><td></td><td colspan="2">18　填土高度(m)</td><td></td></tr>
<tr><td>19　路面宽度(m)</td><td></td><td colspan="2">20　路基宽度(m)</td><td></td><td colspan="2">21　路面类型</td><td></td></tr>
<tr><td colspan="8">C　档案资料(全、不全或无)</td></tr>
<tr><td>22　设计图纸</td><td></td><td>23　设计文件</td><td></td><td>24　施工文件</td><td></td><td>25　竣工图纸</td><td></td></tr>
<tr><td>26　验收文件</td><td></td><td>27　经常检查资料</td><td></td><td>28　定期检查资料</td><td></td><td>29　历次维修、加固资料</td><td></td></tr>
<tr><td>30　其他档案</td><td></td><td>31　档案形式</td><td></td><td>32　建档时间</td><td colspan="3"></td></tr>
<tr><td colspan="8">D　检测评定历史</td></tr>
</table>

33　评定时间	34　检测类别	35　涵洞部件技术状况统计结果/特殊检查结论	36　处治对策	37　下次检测时间

(涵洞基本状况卡片正页)

续上表

<table>
<tr><td colspan="12">E　建设及维修记录</td></tr>
<tr><td colspan="2">38　施工日期</td><td rowspan="2">39　修建类别</td><td rowspan="2">40　修建原因</td><td rowspan="2">41　工程范围</td><td rowspan="2">42　工程费用（万元）</td><td rowspan="2">43　经费来源</td><td rowspan="2">44　质量评定</td><td rowspan="2">45　建设单位</td><td rowspan="2">46　设计单位</td><td rowspan="2">47　监理单位</td><td rowspan="2">48　施工单位</td></tr>
<tr><td>开工</td><td>竣工</td></tr>
<tr><td></td><td></td><td></td><td></td><td></td><td></td><td></td><td></td><td></td><td></td><td></td><td></td></tr>
<tr><td></td><td></td><td></td><td></td><td></td><td></td><td></td><td></td><td></td><td></td><td></td><td></td></tr>
<tr><td></td><td></td><td></td><td></td><td></td><td></td><td></td><td></td><td></td><td></td><td></td><td></td></tr>
<tr><td colspan="12">F　需要说明的其他事项：</td></tr>
<tr><td colspan="12">G　涵洞照片</td></tr>
<tr><td colspan="6">（上游侧照片）</td><td colspan="6">（下游侧照片）</td></tr>
</table>

<table>
<tr><td>49　桥梁养护工程师</td><td></td><td>50　填卡人</td><td></td><td>51　填卡日期</td><td>年　　月　　日</td></tr>
</table>

（涵洞基本状况卡片背页）

附录 H　涵洞定期检查记录表

表 H　涵洞定期检查记录表

公路管理机构名称：

1　路线编号		2　路线名称		3　涵洞桩号		4　涵洞编号		5　涵洞名称	
6　涵洞类型		7　涵洞长(m)		8　管养单位		9　建成时间(改建时间)		10　检查时间	

<table>
<tr><th rowspan="2">部件名称</th><th rowspan="2" colspan="2">构件名称</th><th rowspan="2">构件数量</th><th rowspan="2">构件编号</th><th colspan="4">缺陷</th><th rowspan="2">照片</th><th rowspan="2">技术状况</th><th rowspan="2">备注</th></tr>
<tr><th>类型</th><th>位置</th><th>范围</th><th>示意图</th></tr>
<tr><td rowspan="8">Ⅰ洞身</td><td rowspan="2">1</td><td rowspan="2">盖板</td><td rowspan="2"></td><td></td><td></td><td></td><td></td><td></td><td></td><td></td><td rowspan="2"></td></tr>
<tr><td></td><td></td><td></td><td></td><td></td><td></td><td></td></tr>
<tr><td rowspan="2">2</td><td rowspan="2">涵台</td><td rowspan="2"></td><td></td><td></td><td></td><td></td><td></td><td></td><td></td><td rowspan="2"></td></tr>
<tr><td></td><td></td><td></td><td></td><td></td><td></td><td></td></tr>
<tr><td rowspan="2">3</td><td rowspan="2">圆管涵涵身</td><td rowspan="2"></td><td></td><td></td><td></td><td></td><td></td><td></td><td></td><td rowspan="2"></td></tr>
<tr><td></td><td></td><td></td><td></td><td></td><td></td><td></td></tr>
<tr><td rowspan="2">4</td><td rowspan="2">箱涵涵身</td><td rowspan="2"></td><td></td><td></td><td></td><td></td><td></td><td></td><td></td><td rowspan="2"></td></tr>
<tr><td></td><td></td><td></td><td></td><td></td><td></td><td></td></tr>
</table>

续上表

部件名称	构件名称		构件数量	构件编号	缺陷				照片	技术状况	备注
					类型	位置	范围	示意图			
Ⅱ洞口	1	八字墙									
	2	一字墙									
Ⅲ进、出水口	1	截水墙									
	2	边沟									
	…	…									
过水能力											
检测					记录				桥梁工程师		

附录I　桥梁突发事故报告表

表I　桥梁突发事故报告表

桥梁突发事故报告										报告单位		
事故桥梁名称	时间	地点	事件性质	事件等级	影响范围	伤亡人数	直接经济损失	简要经过	请求支援事项	名称	报告人	联系电话